Édition bilingue audio
RUSSE-FRANÇAIS

*Pour écouter la lecture de ce livre
dans sa version russe ou dans sa traduction française
scannez le code en début de chapitre
avec votre téléphone portable ou tablette*

Roman
Littérature russe

Titre original :
ПОРТРЕТ

Traduction française :
Henri Mongault

Lecture en russe :
S. M. Leontev

Lecture en français :
René Depasse

ISBN : 978-2-37808-003-7
© L'Accolade Éditions, 2017

NICOLAS GOGOL

LE **PORTRAIT**

Часть 1

Нигде не останавливалось столько народу, как перед картинною лавочкою на Щукином дворе. Эта лавочка представляла, точно, самое разнородное собрание диковинок: картины большею частью были писаны масляными красками, покрыты темно-зеленым лаком, в темно-желтых мишурных рамах. Зима с белыми деревьями, совершенно красный вечер, похожий на зарево пожара, фламандский мужик с трубкою и выломанною рукою, похожий более на индейского петуха в манжетах, нежели на человека, — вот их обыкновенные сюжеты. К этому нужно присовокупить несколько гравированных изображений: портрет Хозрева-Мирзы в бараньей шапке, портреты каких-то генералов в треугольных шляпах, с кривыми носами. Сверх того, двери такой лавочки обыкновенно бывают увешаны связками произведений, отпечатанных лубками на больших листах, которые свидетельствуют самородное дарованье русского человека. На одном была царевна Миликтриса Кирбитьевна, на другом город Иерусалим, по домам и церквам которого без церемонии прокатилась красная краска,

Partie 1

Nulle boutique du Marché Chtchoukine n'attirait tant la foule que celle du marchand de tableaux. Elle offrait à vrai dire aux regards le plus amusant, le plus hétéroclite des bric-à-brac. Dans des cadres dorés et voyants s'étalaient des tableaux peints pour la plupart à l'huile et recouverts d'une couche de vernis vert foncé. Un hiver aux arbres de céruse ; un ciel embrasé par le rouge vif d'un crépuscule qu'on pouvait prendre pour un incendie ; un paysan flamand qui, avec sa pipe et son bras désarticulé, rappelait moins un être humain qu'un dindon en manchettes ; tels en étaient les sujets courants. Ajoutez à cela quelques portraits gravés : celui de Khozrev-Mirza en bonnet d'astrakan ; ceux de je ne sais quels généraux, le tricorne en bataille et le nez de guingois. En outre, comme il est de règle en pareil lieu, la devanture était tout entière tapissée de ces grossières estampes, imprimées à la diable, mais qui pourtant témoignent des dons naturels du peuple russe. Sur l'une se pavane la princesse Milikitrisse Kirbitievna ; sur une autre s'étale la ville de Jérusalem, dont un pinceau sans vergogne a enluminé de vermillon les maisons, les églises,

захватившая часть земли и двух молящихся русских мужиков в рукавицах. Покупателей этих произведений обыкновенно немного, но зато зрителей — куча. Какой-нибудь забулдыга лакей уже, верно, зевает перед ними, держа в руке судки с обедом из трактира для своего барина, который, без сомнения, будет хлебать суп не слишком горячий. Перед ним уже, верно, стоит в шинели солдат, этот кавалер толкучего рынка, продающий два перочинные ножика; торговка-охтенка с коробкою, наполненною башмаками. Всякий восхищается по-своему: мужики обыкновенно тыкают пальцами; кавалеры рассматривают серьезно; лакеи-мальчики и мальчишки-мастеровые смеются и дразнят друг друга нарисованными карикатурами; старые лакеи во фризовых шинелях смотрят потому только, чтобы где-нибудь позевать; а торговки, молодые русские бабы, спешат по инстинкту, чтобы послушать, о чем калякает народ, и посмотреть, на что он смотрит.

В это время невольно остановился перед лавкою проходивший мимо молодой художник Чартков. Старая шинель и нещегольское платье показывали в нем того человека, который с самоотвержением предан был своему труду и не имел времени заботиться о своем наряде, всегда имеющем таинственную привлекательность для молодости. Он остановился перед лавкою и сперва внутренно смеялся над этими уродливыми картинами. Наконец овладело им невольное размышление: он стал думать о том, кому бы нужны были эти произведения. Что русский народ заглядывается на Ерусланов Лазаревичей, на объедал и обпивал, на Фому и Ерему, это не казалось ему удивительным: изображенные предметы были очень доступны и понятны народу;

une bonne partie du sol et jusqu'aux mains emmouflées de deux paysans russes en prières. Ces œuvres, que dédaignent les acheteurs, font les délices des badauds. On est toujours sûr de trouver, bâillant devant elles, tantôt un musard de valet rapportant de la gargote la cantine où repose le dîner de son maître, lequel ne risquera certes pas de se brûler en mangeant la soupe ; tantôt l'un de ces « chevaliers » du carreau des fripiers, militaires retraités qui gagnent leur vie en vendant des canifs ; tantôt quelque marchande ambulante du faubourg d'Okhta colportant un éventaire chargé de savates. Chacun s'extasie à sa façon : d'ordinaire les rustauds montrent les images du doigt ; les militaires les examinent avec des airs dignes ; les grooms et les apprentis s'esclaffent devant les caricatures, y trouvant prétexte à taquineries mutuelles ; les vieux domestiques en manteau de frise s'arrêtent là, histoire de flâner, et les jeunes marchandes s'y précipitent d'instinct, en braves femmes russes avides d'entendre ce que racontent les gens et de voir ce qu'ils sont en train de regarder.

Cependant le jeune peintre Tchartkov, qui traversait la Galerie, s'arrêta lui aussi involontairement devant la boutique. Son vieux manteau, son costume plus que modeste décelaient le travailleur acharné pour qui l'élégance n'a point cet attrait fascinateur qu'elle exerce d'ordinaire sur les jeunes hommes. Il s'arrêta donc devant la boutique ; après s'être gaussé à part soi de ces grotesques enluminures, il en vint à se demander à qui elles pouvaient bien être utiles. « Que le peuple russe se complaise à reluquer Iérouslane Lazarévitch, l'Ivrogne et le Glouton, Thomas et Jérémie et autres sujets pleinement à sa portée, passe encore ! se disait-il.

но где покупатели этих пестрых, грязных масляных малеваний? кому нужны эти фламандские мужики, эти красные и голубые пейзажи, которые показывают какое-то притязание на несколько уже высший шаг искусства, но в котором выразилось все глубокое его унижение? Это, казалось, не были вовсе труды ребенка-самоучки. Иначе в них бы, при всей бесчувственной карикатурности целого, вырывался острый порыв. Но здесь было видно просто тупоумие, бессильная, дряхлая бездарность, которая самоуправно стала в ряды искусств, тогда как ей место было среди низких ремесл, бездарность, которая была верна, однако ж, своему призванию и внесла в самое искусство свое ремесло. Те же краски, та же манера, та же набившаяся, приобыкшая рука, принадлежавшая скорее грубо сделанному автомату, нежели человеку!..

Долго стоял он пред этими грязными картинами, уже наконец не думая вовсе о них, а между тем хозяин лавки, серенький человечек во фризовой шинели, с бородой, не бритой с самого воскресенья, толковал ему уже давно, торговался и условливался в цене, еще не узнав, что ему понравилось и что нужно.

— Вот за этих мужичков и за ландшафтик возьму беленькую. Живопись-то какая! Просто глаз прошибет; только что получены с биржи; еще лак не высох. Или вот зима, возьмите зиму! Пятнадцать рублей! Одна рамка чего стоит. Вон она какая зима! —

Тут купец дал легкого щелчка в полотно, вероятно чтобы показать всю доброту зимы.

— Прикажете связать их вместе и снести за вами? Где изволите жить? Эй, малый, подай веревочку.

Mais qui diantre peut acheter ces abominables croûtes, paysanneries flamandes, paysages bariolés de rouge et de bleu, qui soulignent, hélas, le profond avilissement de cet art dont elles prétendent relever ? Si encore c'étaient là les essais d'un pinceau enfantin, autodidacte ! Quelque vive promesse trancherait sans doute sur le morne ensemble caricatural. Mais on ne voit ici qu'hébétude, impuissance, et cette sénile incapacité qui prétend s'immiscer parmi les arts au lieu de prendre rang parmi les métiers les plus bas ; elle demeure fidèle à sa vocation en introduisant le métier dans l'art même. On reconnaît sur toutes ces toiles les couleurs, la facture, la main lourde d'un artisan, celle d'un grossier automate plutôt que d'un être humain. »

Tout en rêvant devant ces barbouillages, Tchartkov avait fini par les oublier. Il ne s'apercevait même pas que depuis un bon moment le boutiquier, un petit bonhomme en manteau de frise dont la barbe datait du dimanche, discourait, bonimentait, fixait des prix sans s'inquiéter le moins du monde des goûts et des intentions de sa pratique.

« C'est comme je vous le dis : vingt-cinq roubles pour ces gentils paysans et ce charmant petit paysage. Quelle peinture, monsieur, elle vous crève l'œil tout simplement ! Je viens de les recevoir de la salle des ventes… Ou encore cet Hiver, prenez-le pour quinze roubles ! Le cadre à lui seul vaut davantage. »

Ici le vendeur donna une légère chiquenaude à la toile pour montrer sans doute toute la valeur de cet Hiver.

« Faut-il les attacher ensemble et les faire porter derrière vous ? Où habitez-vous ? Eh, là-bas, l'apprenti ! apporte une ficelle !

— Постой, брат, не так скоро, — сказал очнувшийся художник, видя, что уж проворный купец принялся не в шутку их связывать вместе.

Ему сделалось несколько совестно не взять ничего, застоявшись так долго в лавке, и он сказал:

— А вот постой, я посмотрю, нет ли для меня чего-нибудь здесь, —

И, наклонившись, стал доставать с полу наваленные громоздко, истертые, запыленные старые малеванья, не пользовавшиеся, как видно, никаким почетом. Тут были старинные фамильные портреты, которых потомков, может быть, и на свете нельзя было отыскать, совершенно неизвестные изображения с прорванным холстом, рамки, лишенные позолоты, — словом, всякий ветхий сор. Но художник принялся рассматривать, думая втайне: «Авось что-нибудь и отыщется». Он слышал не раз рассказы о том, как иногда у лубочных продавцов были отыскиваемы в сору картины великих мастеров.

Хозяин, увидев, куда полез он, оставил свою суетливость и, принявши обыкновенное положение и надлежащий вес, поместился сызнова у дверей, зазывая прохожих и указывая им одной рукой на лавку:

«Сюда, батюшка, вот картины! зайдите, зайдите; с биржи получены».

Уже накричался он вдоволь и большею частью бесплодно, наговорился досыта с лоскутным продавцом, стоявшим насупротив его также у дверей своей лавочки,

— Un instant, mon brave, pas si vite ! » dit le peintre revenu à lui, en voyant que le madré compère ficelait déjà les tableaux pour de bon.

Et comme il éprouvait quelque gêne à s'en aller les mains vides, après s'être si longtemps attardé dans la boutique, il ajouta aussitôt :

« Attendez, je vais voir si je trouve là-dedans quelque chose à ma convenance. »

Il se baissa pour tirer d'un énorme tas empilé par terre de vieilles peintures poussiéreuses et ternies qui ne jouissaient évidemment d'aucune considération. Il y avait là d'anciens portraits de famille, dont on n'aurait sans doute jamais pu retrouver les descendants ; des tableaux dont la toile crevée ne permettait plus de reconnaître le sujet ; des cadres dédorés ; bref un ramassis d'antiquailles. Notre peintre ne les examinait pas moins en conscience. « Peut-être, se disait-il, dénicherai-je là quelque chose. » Il avait plus d'une fois entendu parler de trouvailles surprenantes, de chefs-d'œuvre découverts parmi le fatras des regrattiers.

En voyant où il fourrait le nez, le marchand cessa de l'importuner et, retrouvant son importance, reprit près de la porte sa faction habituelle. Il invitait, du geste et de la voix, les passants à pénétrer dans sa boutique.

« Par ici, s'il vous plaît, monsieur. Entrez, entrez. Voyez les beaux tableaux, tout frais reçus de la salle des ventes. »

Quand il fut las de s'époumoner, le plus souvent en vain, et qu'il eut bavardé tout son saoul avec le fripier d'en face, posté lui aussi sur le seuil de son antre,

и, наконец вспомнив, что у него в лавке есть покупатель, поворотил народу спину и отправился вовнутрь ее.

«Что, батюшка, выбрали что-нибудь?»

Но художник уже стоял несколько времени неподвижно перед одним портретом в больших, когда-то великолепных рамах, но на которых чуть блестели теперь следы позолоты.

Это был старик с лицом бронзового цвета, скулистым, чахлым; черты лица, казалось, были схвачены в минуту судорожного движенья и отзывались не северною силою. Пламенный полдень был запечатлен в них. Он был драпирован в широкий азиатский костюм. Как ни был повреждён и запылен портрет, но когда удалось ему счистить с лица пыль, он увидел следы работы высокого художника.

Портрет, казалось, был не кончен; но сила кисти была разительна. Необыкновеннее всего были глаза: казалось, в них употребил всю силу кисти и все старательное тщание свое художник. Они просто глядели, глядели даже из самого портрета, как будто разрушая его гармонию своею странною живостью. Когда поднес он портрет к дверям, еще сильнее глядели глаза. Впечатление почти то же произвели они и в народе. Женщина, остановившаяся позади его, вскрикнула:

«Глядит, глядит», — и попятилась назад.

Какое-то неприятное, непонятное самому себе чувство почувствовал он и поставил портрет на землю.

— А что ж, возьмите портрет! — сказал хозяин.

— А сколько? — сказал художник.

il se rappela soudain le client oublié à l'intérieur de la boutique.

« Eh bien, mon cher monsieur, lui demanda-t-il le rejoignant, avez-vous trouvé quelque chose ? »

Depuis un bon moment, le peintre était planté devant un tableau dont l'énorme cadre, jadis magnifique, ne laissait plus apercevoir que des lambeaux de dorure.

C'était le portrait d'un vieillard drapé dans un ample costume asiatique ; la fauve ardeur du midi consumait ce visage bronzé, parcheminé, aux pommettes saillantes, et dont les traits semblaient avoir été saisis dans un moment d'agitation convulsive. Si poussiéreuse, si endommagée que fût cette toile, Tchartkov, quand il l'eut légèrement nettoyée, y reconnut la main d'un maître.

Bien qu'elle parût inachevée, la puissance du pinceau s'y révélait stupéfiante, notamment dans les yeux, des yeux extraordinaires auxquels l'artiste avait sans doute accordé tous ses soins. Ces yeux-là étaient vraiment doués de « regard », d'un regard qui surgissait du fond du tableau et dont l'étrange vivacité semblait même en détruire l'harmonie. Quand Tchartkov approcha le portrait de la porte, le regard se fit encore plus intense, et la foule elle-même en fut comme fascinée.

« Il regarde, il regarde ! » s'écria une femme en reculant.

Cédant à un indéfinissable malaise, Tchartkov posa le tableau par terre.

« Alors, vous le prenez ? s'enquit le marchand.

– Combien ? demanda le peintre.

— Да что за перо дорожиться? три четвертачка давайте!

— Нет.

— Ну, да что ж дадите?

— Двугривенный, — сказал художник, готовясь идти.

— Эк цену какую завернули! да за двугривенный одной рамки не купишь. Видно, завтра собираетесь купить? Господин, господин, воротитесь! гривенничек хоть прикиньте. Возьмите, возьмите, давайте двугривенный. Право, для почину только, вот только что первый покупатель.

Засим он сделал жест рукой, как будто бы говоривший: «Так уж и быть, пропадай картина!»

Таким образом Чартков совершенно неожиданно купил старый портрет и в то же время подумал: «Зачем я его купил? на что он мне?» Но делать было нечего. Он вынул из кармана двугривенный, отдал хозяину, взял портрет под мышку и потащил его с собою. Дорогою он вспомнил, что двугривенный, который он отдал, был у него последний. Мысли его вдруг омрачились; досада и равнодушная пустота обняли его в ту же минуту. «Черт побери! гадко на свете!» — сказал он с чувством русского, у которого дела плохи. И почти машинально шел скорыми шагами, полный бесчувствия ко всему. Красный свет вечерней зари оставался еще на половине неба; еще дома, обращенные к той стороне, чуть озарялись ее теплым светом; а между тем уже холодное синеватое сиянье месяца становилось сильнее. Полупрозрачные легкие тени хвостами падали на землю, отбрасываемые домами и ногами пешеходцев.

– Oh, pas cher ! Soixante-quinze kopeks.

– Non.

– Combien en donnez-vous ?

– Vingt kopeks, dit le peintre, prêt à s'en aller.

– Vingt kopeks ! Vous voulez rire ! Le cadre vaut davantage. Vous avez sans doute l'intention de ne l'acheter que demain… Monsieur, monsieur, revenez : ajoutez au moins dix kopeks… Non ? Eh bien, prenez-le pour vingt kopeks… Vrai, c'est seulement pour que vous m'étrenniez. Vous avez de la chance d'être mon premier acheteur. »

Et il eut un geste qui signifiait : « Allons, tant pis, voilà un tableau de perdu ! »

Par pur hasard, Tchartkov se trouva donc avoir fait l'emplette du vieux portrait. « Ah ça, songea-t-il, pourquoi diantre l'ai-je acheté ? Qu'en ai-je besoin ? » Mais force lui fut de s'exécuter. Il sortit de sa poche une pièce de vingt kopeks, la tendit au marchand et emporta le tableau sous son bras. Chemin faisant, il se souvint, non sans dépit, que cette pièce était la dernière qu'il possédât. Une vague amertume l'envahit : « Dieu, que le monde est mal fait ! » se dit-il avec la conviction d'un Russe dont les affaires ne sont guère brillantes. Insensible à tout, il marchait à grands pas machinaux. Le crépuscule couvrait encore la moitié du ciel, caressant d'un tiède reflet les édifices tournés vers le couchant. Mais déjà la lune épandait son rayonnement froid et bleuâtre ; déjà les maisons, les passants, projetaient sur le sol des ombres légères, quasi transparentes.

Уже художник начинал мало-помалу заглядываться на небо, озаренное каким-то прозрачным, тонким, сомнительным светом, и почти в одно время излетали из уст его слова: «Какой легкий тон!» — и слова: «Досадно, черт побери!» И он, поправляя портрет, беспрестанно съезжавший из-под мышек, ускорял шаг.

Усталый и весь в поту, дотащился он к себе в Пятнадцатую линию на Васильевский остров. С трудом и с отдышкой взобрался он по лестнице, облитой помоями и украшенной следами кошек и собак. На стук его в дверь не было никакого ответа: человека не было дома. Он прислонился к окну и расположился ожидать терпеливо, пока не раздались наконец позади его шаги парня в синей рубахе, его приспешника, натурщика, краскотерщика и выметателя полов, пачкавшего их тут же своими сапогами. Парень назывался Никитою и проводил все время за воротами, когда барина не было дома. Никита долго силился попасть ключом в замочную дырку, вовсе не заметную по причине темноты. Наконец дверь была отперта. Чартков вступил в свою переднюю, нестерпимо холодную, как всегда бывает у художников, чего, впрочем, они не замечают. Не отдавая Никите шинели, он вошел вместе с нею в свою студию, квадратную комнату, большую, но низенькую, с мерзнувшими окнами, уставленную всяким художеским хламом: кусками гипсовых рук, рамками, обтянутыми холстом, эскизами, начатыми и брошенными, драпировкой, развешанной по стульям. Он устал сильно, скинул шинель, поставил рассеянно принесенный портрет между двух небольших холстов и бросился на узкий диванчик, о котором нельзя было сказать, что он обтянут кожею,

Peu à peu le ciel, qu'illuminait une clarté douteuse, diaphane et fragile, retint l'œil du peintre, cependant que sa bouche laissait échapper presque simultanément des exclamations dans le genre de « Quels tons délicats ! » ou « Zut, quelle bougre de sottise ! » Puis il hâtait le pas en remontant le portrait qui glissait sans cesse de dessous son aisselle.

Harassé, essoufflé, tout en nage, il regagna enfin ses pénates sises dans la « Quinzième Ligne », tout au bout de l'île Basile. Il grimpa péniblement l'escalier où, parmi des flots d'eaux ménagères, chiens et chats avaient laissé force souvenirs. Il heurta à la porte : comme personne ne répondait, il s'appuya à la fenêtre et attendit patiemment que retentissent derrière lui les pas d'un gars en chemise bleue, l'homme à tout faire qui lui servait de modèle, broyait ses couleurs et balayait à l'occasion le plancher, que ses bottes resalissaient aussitôt. Quand son maître était absent, ce personnage, qui avait nom Nikita, passait dans la rue le plus clair de son temps ; l'obscurité l'empêcha un bon moment d'introduire la clef dans le trou de la serrure ; mais enfin il y parvint ; alors Tchartkov put mettre le pied dans son antichambre, où sévissait un froid intense, comme chez tous les peintres, qui d'ailleurs ne prennent nulle garde à cet inconvénient. Sans tendre son manteau à Nikita, il pénétra dans son atelier, vaste pièce carrée mais basse de plafond, aux vitres gelées, encombrée de tout un bric-à-brac artistique : fragments de bras en plâtre, toiles encadrées, esquisses abandonnées, draperies suspendues aux chaises. Très las, il rejeta son manteau, posa distraitement le portrait entre deux petites toiles et se laissa choir sur un étroit divan dont on n'aurait pu dire qu'il était tendu de cuir,

потому что ряд медных гвоздиков, когда-то прикреплявших ее, давно уже остался сам по себе, а кожа осталась тоже сверху сама по себе, так что Никита засовывал под нее черные чулки, рубашки и все немытое белье. Посидев и разлегшись, сколько можно было разлечься на этом узеньком диване, он наконец спросил свечу.

— Свечи нет, — сказал Никита.

— Как нет?

— Да ведь и вчера еще не было, — сказал Никита.

Художник вспомнил, что действительно и вчера еще не было свечи, успокоился и замолчал. Он дал себя раздеть и надел свой крепко и сильно заношенный халат.

— Да вот еще, хозяин был, — сказал Никита.

— Ну, приходил за деньгами? знаю, — сказал художник, махнув рукой.

— Да он не один приходил, — сказал Никита.

— С кем же?

— Не знаю, с кем... какой-то квартальный.

— А квартальный зачем?

— Не знаю зачем; говорит, затем, что за квартиру не плачено.

— Ну, что ж из того выйдет?

— Я не знаю, что выйдет; он говорил: коли не хочет, так пусть, говорит, съезжает с квартиры; хотели завтра еще прийти оба.

la rangée de clous qui fixait ledit cuir s'en étant depuis longtemps séparée ; aussi Nikita pouvait-il maintenant fourrer dessous les bas noirs, les chemises, tout le linge sale de son maître. Quand il se fut étendu, autant qu'il était possible de s'étendre, sur cet étroit divan, Tchartkov demanda une bougie.

« Il n'y en a pas, dit Nikita.

— Comment cela ?

— Mais hier déjà il n'y en avait plus. »

Le peintre se rappela qu'en effet « hier déjà » il n'y en avait plus. Il jugea bon de se taire, se laissa dévêtir, puis endossa sa vieille robe de chambre, laquelle était usée et même plus qu'usée.

« Faut vous dire que le propriétaire est venu, déclara Nikita.

— Réclamer son argent, bien sûr ? s'enquit Tchartkov avec un geste d'impatience.

— Oui, mais il n'est pas venu seul.

— Et avec qui donc ?

— Je ne sais pas au juste…, comme qui dirait avec un commissaire.

— Un commissaire ? Pour quoi faire ?

—Je ne sais pas au juste… Paraît que c'est par rapport au terme.

— Qu'est-ce qu'il peut bien me vouloir ?

— Je ne sais pas au juste… « S'il ne peut pas payer, qu'il a dit, alors faudra qu'il décampe ! » Ils vont revenir demain tous les deux.

— Пусть их приходят, — сказал с грустным равнодушием Чартков.

И ненастное расположение духа овладело им вполне.

Молодой Чартков был художник с талантом, пророчившим многое: вспышками и мгновеньями его кисть отзывалась наблюдательностию, соображением, гибким порывом приблизиться более к природе. «Смотри, брат, — говорил ему не раз его профессор, — у тебя есть талант; грешно будет, если ты его погубишь. Но ты нетерпелив. Тебя одно что-нибудь заманит, одно что-нибудь тебе полюбится — ты им занят, а прочее у тебя дрянь, прочее тебе нипочем, ты уж и глядеть на него не хочешь. Смотри, чтоб из тебя не вышел модный живописец. У тебя и теперь уже что-то начинают слишком бойко кричать краски. Рисунок у тебя не строг, а подчас и вовсе слаб, линия не видна; ты уж гоняешься за модным освещением, за тем, что бьет на первые глаза. Смотри, как раз попадешь в английский род. Берегись; тебя уж начинает свет тянуть; уж я вижу у тебя иной раз на шее щегольской платок, шляпа с лоском... Оно заманчиво, можно пуститься писать модные картинки, портретики за деньги. Да ведь на этом губится, а не развертывается талант. Терпи. Обдумывай всякую работу, брось щегольство — пусть их набирают другие деньги. Твое от тебя не уйдет».

Профессор был отчасти прав. Иногда хотелось, точно, нашему художнику кутнуть, щегольнуть — словом, кое-где показать свою молодость. Но при всем том он мог взять над собою власть. Временами он мог позабыть все, принявшись за кисть, и отрывался от нее не иначе, как от прекрасного прерванного сна. Вкус его развивался заметно.

– Eh bien, qu'ils reviennent ! » dit Tchartkov avec une sombre indifférence.

Et il s'abandonna sans rémission à ses idées noires.

Le jeune Tchartkov était un garçon bien doué et qui promettait beaucoup. Son pinceau connaissait de brusques accès de vigueur, de naturel, d'observation réfléchie. « Écoute, mon petit, lui disait souvent son maître ; tu as du talent, ce serait péché que de l'étouffer ; par malheur, tu manques de patience : dès qu'une chose t'attire, tu te jettes dessus sans te soucier du reste. Attention, ne va pas devenir un peintre à la mode : tes couleurs sont déjà un peu criardes, ton dessin pas assez ferme, tes lignes trop floues ; tu recherches les effets faciles, les brusques éclairages à la moderne. Prends garde de tomber dans le genre anglais. Le monde te séduit, j'en ai peur ; je te vois parfois un foulard élégant au cou, un chapeau bien lustré... C'est tentant, à coup sûr, de peindre des images à la mode et de petits portraits bien payés ; mais, crois-moi, cela tue un talent au lieu de le développer. Patiente ; mûris longuement chacune de tes œuvres ; laisse les autres ramasser l'argent ; ce qui est en toi ne te quittera point. »

Le maître n'avait qu'en partie raison. Certes notre peintre éprouvait parfois le désir de mener joyeuse vie, de s'habiller avec élégance, en un mot d'être jeune, mais il parvenait presque toujours à se dominer. Bien souvent, une fois le pinceau en main, il oubliait tout et ne le quittait que comme un songe exquis, brusquement interrompu. Son goût se formait de plus en plus.

Еще не понимал он всей глубины Рафаэля, но уже увлекался быстрой, широкой кистью Гвида, останавливался перед портретами Тициана, восхищался фламандцами. Еще потемневший облик, облекающий старые картины, не весь сошел пред ним; но он уже прозревал в них кое-что, хотя внутренно не соглашался с профессором, чтобы старинные мастера так недосягаемо ушли от нас; ему казалось даже, что девятнадцатый век кое в чем значительно их опередил, что подражание природе как-то сделалось теперь ярче, живее, ближе; словом, он думал в этом случае так, как думает молодость, уже постигшая кое-что и чувствующая это в гордом внутреннем сознании. Иногда становилось ему досадно, когда он видел, как заезжий живописец, француз или немец, иногда даже вовсе не живописец по призванью, одной только привычной замашкой, бойкостью кисти и яркостью красок производил всеобщий шум и скапливал себе вмиг денежный капитал. Это приходило к нему на ум не тогда, когда, занятый весь своей работой, он забывал и питье, и пищу, и весь свет, но тогда, когда наконец сильно приступала необходимость, когда не на что было купить кистей и красок, когда неотвязчивый хозяин приходил раз по десяти на день требовать платы за квартиру. Тогда завидно рисовалась в голодном его воображенье участь богача-живописца; тогда пробегала даже мысль, пробегающая часто в русской голове: бросить все и закутить с горя назло всему. И теперь он почти был в таком положении.

S'il ne comprenait pas encore toute la profondeur de Raphaël, il se laissait séduire par la touche large et rapide du Guide, il s'arrêtait devant les portraits du Titien, il admirait fort les Flamands. Les chefs-d'œuvre anciens ne lui avaient point encore livré tout leur secret ; il commençait pourtant à soulever les voiles derrière lesquels ils se dérobent aux profanes, encore qu'en son for intérieur il ne partageât point pleinement l'opinion de son professeur, pour qui les vieux maîtres planaient à des hauteurs inaccessibles. Il lui semblait même que, sous certains rapports, le XIXe siècle les avait sensiblement dépassés, que l'imitation de la nature était devenue plus précise, plus vivante, plus rigoureuse ; bref, il pensait sur ce point en jeune homme dont les efforts ont déjà été couronnés de quelque succès et qui éprouve de ce chef une légitime fierté. Parfois il s'irritait de voir un peintre de passage, français ou allemand, et qui peut-être n'était même pas artiste par vocation, en imposer par des procédés routiniers, le brio du pinceau, l'éclat de la couleur, et amasser une vraie fortune en moins de rien. Ces pensées ne l'assaillaient pas les jours où, plongé dans son travail, il en oubliait le boire, le manger, tout l'univers ; elles fondaient sur lui aux heures d'affreuse gêne, où il n'avait pas de quoi acheter ni pinceaux ni couleurs, où l'importun propriétaire le relançait du matin au soir. Alors son imagination d'affamé lui dépeignait comme fort digne d'envie le sort du peintre riche, et l'idée bien russe lui venait de tout planter là pour noyer son chagrin dans l'ivresse et la débauche. Il traversait précisément une de ces mauvaises passes.

— Да! терпи, терпи! — произнес он с досадою. — Есть же наконец и терпенью конец. Терпи! а на какие деньги я завтра буду обедать? Взаймы ведь никто не даст. А понеси я продавать все мои картины и рисунки, за них мне за все двугривенный дадут. Они полезны, конечно, я это чувствую: каждая из них предпринята недаром, в каждой из них я что-нибудь узнал. Да ведь что пользы? этюды, попытки — и все будут этюды, попытки, и конца не будет им. Да и кто купит, не зная меня по имени? да и кому нужны рисунки с антиков из натурного класса, или моя неоконченная любовь Психеи, или перспектива моей комнаты, или портрет моего Никиты, хотя он, право, лучше портретов какого-нибудь модного живописца? Что, в самом деле? Зачем я мучусь и, как ученик, копаюсь над азбукой, тогда как мог бы блеснуть ничем не хуже других и быть таким, как они, с деньгами.

Произнесши это, художник вдруг задрожал и побледнел: на него глядело, высунувшись из-за поставленного холста, чье-то судорожно искаженное лицо. Два страшные глаза прямо вперились в него, как бы готовясь сожрать его; на устах написано было грозное повеленье молчать. Испуганный, он хотел вскрикнуть и позвать Никиту, который уже успел запустить в своей передней богатырское храпенье; но вдруг остановился и засмеялся. Чувство страха отлегло вмиг. Это был им купленный портрет, о котором он позабыл вовсе. Сияние месяца, озаривши комнату, упало и на него и сообщило ему странную живость. Он принялся его рассматривать и оттирать. Омакнул в воду губку, прошел ею по нем несколько раз, смыл с него почти всю накопившуюся и набившуюся пыль и грязь,

« Patiente ! Patiente ! grommelait-il. La patience ne peut pourtant pas être éternelle. C'est très joli de patienter, mais encore faut-il que je mange demain ! Qui me prêtera de l'argent ? personne. Et si j'allais vendre mes tableaux, mes dessins, on ne me donnerait pas vingt kopeks du tout ! Ces études m'ont été utiles, je le sens bien ; aucune n'a été entreprise en vain ; chacune d'elles m'a appris quelque chose. Mais à quoi bon tous ces essais sans fin ? Qui les achètera sans connaître mon nom ? Et d'ailleurs qui pourrait bien s'intéresser à des dessins d'après l'antique ou le modèle, ou encore à ma Psyché inachevée, à la perspective de ma chambre, au portrait de mon Nikita, encore que franchement il vaille mieux que ceux de n'importe quel peintre à la mode ?… En vérité, pourquoi suis-je là à tirer le diable par la queue, à suer sang et eau sur l'a b c de mon art, quand je pourrais briller aussi bien que les autres et faire fortune tout comme eux ? »

Comme il disait ces mots, Tchartkov pâlit soudain et se prit à trembler : un visage convulsé, qui paraissait sortir d'une toile déposée devant lui, fixait sur lui deux yeux prêts à le dévorer, tandis que le pli impérieux de la bouche commandait le silence. Dans son effroi, il voulut crier, appeler Nikita, qui déjà emplissait l'antichambre de ses ronflements épiques, mais le cri mourut sur ses lèvres, cédant la place à un sonore éclat de rire : il venait de reconnaître le fameux portrait, auquel il ne songeait déjà plus, et que le clair de lune, qui baignait la pièce, animait d'une vie étrange. Il s'empara aussitôt de la toile, l'examina, enleva à l'aide d'une éponge presque toute la poussière et la saleté qui s'y étaient accumulées ;

повесил перед собой на стену и подивился еще более необыкновенной работе: все лицо почти ожило, и глаза взглянули на него так, что он наконец вздрогнул и, попятившись назад произнес изумленным голосом:

«Глядит, глядит человеческими глазами!»

Ему пришла вдруг на ум история, слышанная давно им от своего профессора, об одном портрете знаменитого Леонардо да Винчи, над которым великий мастер трудился несколько лет и все еще почитал его неоконченным и который, по словам Вазари, был, однако же, почтен от всех за совершеннейшее и окончательнейшее произведение искусства. Окончательнее всего были в нем глаза, которым изумлялись современники; даже малейшие, чуть видные в них жилки были не упущены и приданы полотну. Но здесь, однако же, в сем, ныне бывшем пред ним, портрете было что-то странное. Это было уже не искусство: это разрушало даже гармонию самого портрета. Это были живые, эти были человеческие глаза! Казалось, как будто они были вырезаны из живого человека и вставлены сюда. Здесь не было уже того высокого наслажденья, которое объемлет душу при взгляде на произведение художника, как ни ужасен взятый им предмет; здесь было какое-то болезненное, томительное чувство.

«Что это? — невольно вопрошал себя художник. — Ведь это, однако же, натура, это живая натура; отчего же это странно-неприятное чувство? Или рабское, буквальное подражание натуре есть уже проступок и кажется ярким, нестройным криком? Или, если возьмешь предмет безучастно, бесчувственно, не сочувствуя с ним, он непременно предстанет только в одной ужасной своей действительности,

puis, quand il l'eut suspendue au mur, il en admira encore davantage l'extraordinaire puissance. Tout le visage vivait maintenant et posait sur lui un regard qui le fit bientôt tressaillir, reculer, balbutier :

« Il regarde, il regarde avec des yeux humains ! »

Une histoire que lui avait jadis contée son professeur lui revint à la mémoire. L'illustre Léonard de Vinci avait peiné, dit-on, plusieurs années sur un portrait qu'il considéra toujours comme inachevé ; cependant, à en croire Vasari, tout le monde le tenait pour l'œuvre la mieux réussie, la plus parfaite qui fût ; les contemporains admiraient surtout les yeux, où le grand artiste avait su rendre jusqu'aux plus imperceptibles veinules. Dans le cas présent, il ne s'agissait point d'un tour d'adresse, mais d'un phénomène étrange et qui nuisait même à l'harmonie du tableau : le peintre semblait avoir encastré dans sa toile des yeux arrachés à un être humain. Au lieu de la noble jouissance qui exalte l'âme à la vue d'une belle œuvre d'art, si repoussant qu'en soit le sujet, on éprouvait devant celle-ci une pénible impression.

« Qu'est-ce à dire ? se demandait involontairement Tchartkov. J'ai pourtant devant moi la nature, la nature vivante. Son imitation servile est-elle donc un crime, résonne-t-elle comme un cri discordant ? Ou peut-être, si l'on se montre indifférent, insensible envers son sujet, le rend-on nécessairement dans sa seule et odieuse réalité,

sans que l'illumine la clarté de cette pensée impossible à saisir mais qui n'en est pas moins latente au fond de tout ; et il apparaît alors sous cet aspect qui se présente à quiconque, avide de comprendre la beauté d'un être humain, s'arme du

не озаренный светом какой-то непостижимой, скрытой во всем мысли, предстанет в той действительности, какая открывается тогда, когда, желая постигнуть прекрасного человека, вооружаешься анатомическим ножом, рассекаешь его внутренность и видишь отвратительного человека? Почему же простая, низкая природа является у одного художника в каком-то свету, и не чувствуешь никакого низкого впечатлениям; напротив, кажется, как будто насладился, и после того спокойнее и ровнее все течет и движется вокруг тебя? И почему же та же самая природа у другого художника кажется низкою, грязною, а между прочим, он так же был верен природе? Но нет, нет в ней чего-то озаряющего. Все равно как вид в природе: как он ни великолепен, а все недостает чего-то, если нет на небе солнца».

Он опять подошел к портрету, с тем чтобы рассмотреть эти чудные глазам, и с ужасом заметил, что они точно глядят на него. Это уже не была копия с натуры, это была та странная живость, которою бы озарилось лицо мертвеца, вставшего из могилы. Свет ли месяца, несущий с собой бред мечты и облекающий все в иные образы, противоположные положительному дню, или что другое было причиною тому, только ему сделалось вдруг, неизвестно отчего, страшно сидеть одному в комнате. Он тихо отошел от портрета, отворотился в другую сторону и старался не глядеть на него, а между тем глаз невольно, сам собою, косясь, окидывал его. Наконец ему сделалось даже страшно ходить по комнате; ему казалось, как будто сей же час кто-то другой станет ходить позади его, и всякий раз робко оглядывался он назад.

bistouri pour le disséquer et ne découvre qu'un spectacle hideux ? Pourquoi, chez tel peintre, la simple, la vile nature s'auréole-t-elle de clarté, pourquoi vous procure-t-elle une jouissance exquise, comme si tout autour de vous coulait et se mouvait suivant un rythme plus égal, plus paisible ? Pourquoi, chez tel autre, qui lui a été tout aussi fidèle, cette même nature semble-t-elle abjecte et sordide ? La faute en est au manque de lumière. Le plus merveilleux paysage paraît lui aussi incomplet quand le soleil ne l'illumine point. »

Tchartkov s'approcha encore une fois du portrait pour examiner ces yeux extraordinaires et s'aperçut non sans effroi qu'ils le regardaient. Ce n'était plus là une copie de la nature, mais bien la vie étrange dont aurait pu s'animer le visage d'un cadavre sorti du tombeau. Était-ce un effet de la clarté lunaire, cette messagère du délire qui donne à toutes choses un aspect irréel ? Je ne sais, mais il éprouva un malaise soudain à se trouver seul dans la pièce. Il s'éloigna lentement du portrait, se détourna, s'efforça de ne plus le regarder, mais, malgré qu'il en eût, son œil, impuissant à s'en détacher, louchait sans cesse de ce côté. Finalement, il eut même peur d'arpenter ainsi la pièce : il croyait toujours que quelqu'un allait se mettre à le suivre, et se retournait craintivement.

Он не был никогда труслив; но воображенье и нервы его были чутки, и в этот вечер он сам не мог истолковать себе своей невольной боязни. Он сел в уголок, но и здесь казалось ему, что кто-то вот-вот взглянет через плечо к нему в лицо. Самое храпенье Никиты, раздававшееся из передней, не прогоняло его боязни. Он наконец робко, не подымая глаз, поднялся с своего места, отправился к себе за ширму и лег в постель. Сквозь щелки в ширмах он видел освещенную месяцем свою комнату и видел прямо висевший на стене портрет. Глаза еще страшнее, еще значительнее вперились в него и, казалось, не хотели ни на что другое глядеть, как только на него. Полный тягостного чувства, он решился встать с постели, схватил простыню и, приблизясь к портрету, закутал его всего.

Сделавши это, он лег в постель покойнее, стал думать о бедности и жалкой судьбе художника, о тернистом пути, предстоящем ему на этом свете; а между тем глаза его невольно глядели сквозь щелку ширм на закутанный простынею портрет. Сиянье месяца усиливало белизну простыни, и ему казалось, что страшные глаза стали даже просвечивать сквозь холстину. Со страхом вперил он пристальнее глаза, как бы желая увериться, что это вздор. Но наконец уже в самом деле... он видит, видит ясно: простыни уже нет... портрет открыт весь и глядит мимо всего, что ни есть вокруг, прямо в него, глядит просто к нему вовнутрь...

У него захолонуло сердце. И видит: старик пошевелился и вдруг уперся в рамку обеими руками. Наконец приподнялся на руках и, высунув обе ноги, выпрыгнул из рам... Сквозь щелку ширм видны были уже одни только пустые рамы.

Sans être peureux, il avait les nerfs et l'imagination fort sensibles, et ce soir-là il ne pouvait s'expliquer sa frayeur instinctive. Il s'assit dans un coin, et là encore il eut l'impression qu'un inconnu allait se pencher sur son épaule et le dévisager. Les ronflements de Nikita, qui lui arrivaient de l'antichambre, ne dissipaient point sa terreur. Il quitta craintivement sa place, sans lever les yeux, se dirigea vers son lit et se coucha. À travers les fentes du paravent, il pouvait voir sa chambre éclairée par la lune, ainsi que le portrait accroché bien droit au mur et dont les yeux, toujours fixés sur lui avec une expression de plus en plus effrayante, semblaient décidément ne vouloir regarder rien d'autre que lui. Haletant d'angoisse, il se leva, saisit un drap et, s'approchant du portrait, l'en recouvrit tout entier.

Quelque peu tranquillisé, il se recoucha et se prit à songer à la pauvreté, au destin misérable des peintres, au chemin semé d'épines qu'ils doivent parcourir sur cette terre ; cependant, à travers une fente du paravent, le portrait attirait toujours invinciblement son regard. Le rayonnement de la lune avivait la blancheur du drap, à travers lequel les terribles yeux semblaient maintenant transparaître. Tchartkov écarquilla les siens, comme pour bien se convaincre qu'il ne rêvait point. Mais non, … il voit pour de bon, il voit nettement : le drap a disparu et, dédaignant tout ce qui l'entoure, le portrait entièrement découvert regarde droit vers lui, plonge, oui, c'est le mot exact, plonge au tréfonds de son âme…

Son cœur se glaça. Et soudain il vit le vieillard remuer, s'appuyer des deux mains au cadre, sortir les deux jambes, sauter dans la pièce. La fente ne laissait plus entrevoir que le cadre vide.

По комнате раздался стук шагов, который наконец становился ближе и ближе к ширмам. Сердце стало сильнее колотиться у бедного художника. С занявшимся от страха дыханьем он ожидал, что вот-вот глянет к нему за ширмы старик. И вот он глянул, точно, за ширмы, с тем же бронзовым лицом и поводя большими глазами. Чартков силился вскрикнуть — и почувствовал, что у него нет голоса, силился пошевельнуться, сделать какое-нибудь движенье — не движутся члены. С раскрытым ртом и замершим дыханьем смотрел он на этот страшный фантом высокого роста, в какой-то широкой азиатской рясе, и ждал, что станет он делать. Старик сел почти у самых ног его и вслед за тем что-то вытащил из-под складок своего широкого платья. Это был мешок. Старик развязал его и, схвативши за два конца, встряхнул: с глухим звуком упали на пол тяжелые свертки в виде длинных столбиков; каждый был завернут в синюю бумагу, и на каждом было выставлено: «1000 червонных». Высунув свои длинные костистые руки из широких рукавов, старик начал разворачивать свертки. Золото блеснуло. Как ни велико было тягостное чувство и обеспамятевший страх художника, но он вперился весь в золото, глядя неподвижно, как оно разворачивалось в костистых руках, блестело, звенело тонко и глухо и заворачивалось вновь. Тут заметил он один сверток, откатившийся подалее от других, у самой ножки его кровати, в головах у него. Почти судорожно схватил он его и, полным страха, смотрел, не заметит ли старик. Но старик был, казалось, очень занят. Он собрал все свертки свои, уложил их снова в мешок и, не взглянувши на него, ушел за ширмы. Сердце билось сильно у Чарткова, когда он услышал, как раздавался по комнате шелест удалявшихся шагов.

Un bruit de pas retentit, se rapprocha. Le cœur du pauvre peintre battit violemment. La respiration coupée par l'effroi, il s'attendait à voir le vieillard surgir auprès de lui. Il surgit bientôt en effet, roulant ses grands yeux dans son impassible visage de bronze. Tchartkov voulut crier : il n'avait plus de voix ; il voulut remuer : ses membres ne remuaient point. La bouche bée, le souffle court, il contemplait l'étrange fantôme dont la haute stature se drapait dans son bizarre costume asiatique. Qu'allait-il entreprendre ? Le vieillard s'assit presque à ses pieds et tira un objet dissimulé sous les plis de son ample vêtement. C'était un sac. Il le dénoua, le saisit par les deux bouts, le secoua : de lourds rouleaux, pareils à de minces colonnettes, en tombèrent avec un bruit sourd ; chacun d'eux était enveloppé d'un papier bleu et portait l'inscription : « 1 000 ducats. » Le vieil homme dégagea de ses larges manches ses longues mains osseuses et se mit à défaire les rouleaux. Des pièces d'or brillèrent. Surmontant son indicible terreur, Tchartkov, immobile, couvait des yeux cet or, le regardait couler avec un tintement frêle entre les mains décharnées, étinceler, disparaître. Tout à coup, il s'aperçut qu'un des rouleaux avait glissé jusqu'au pied même du lit, près de son chevet. Il s'en empara presque convulsivement et, aussitôt, effrayé de son audace, jeta un coup d'œil craintif du côté du vieillard. Mais celui-ci semblait très occupé : il avait ramassé tous ses rouleaux et les remettait dans le sac ; puis, sans même lui accorder un regard, il s'en alla de l'autre côté du paravent. Tout en prêtant l'oreille au bruit des pas qui s'éloignaient, Tchartkov sentait son cœur battre à coups précipités.

Он сжимал покрепче сверток свой в руке, дрожа всем телом за него, и вдруг услышал, что шаги вновь приближаются к ширмам, — видно, старик вспомнил, что недоставало одного свертка. И вот он глянул к нему вновь за ширмы. Полный отчаяния, стиснул он всею силою в руке своей сверток, употребил все усилие сделать движенье, вскрикнул — и проснулся.

Холодный пот облил его всего; сердце его билось так сильно, как только можно было биться; грудь была так стеснена, как будто хотело улететь из нее последнее дыханье. «Неужели это был сон?» — сказал он, взявши себя обеими руками за голову; но страшная живость явленья не была похожа на сон. Он видел, уже пробудившись, как старик ушел в рамки, мелькнула даже пола его широкой одежды, и рука его чувствовала ясно, что держала за минуту пред сим какую-то тяжесть. Свет месяца озарял комнату, заставляя выступать из темных углов ее где холст, где гипсовую руку, где оставленную на стуле драпировку, где панталоны и нечищенные сапоги. Тут только заметил он, что не лежит в постели, а стоит на ногах прямо перед портретом. Как он добрался сюда — уж этого никак не мог он понять. Еще более изумило его, что портрет был открыт весь и простыни на нем действительно не было. С неподвижным страхом глядел он на него и видел, как прямо вперились в него живые человеческие глаза. Холодный пот выступил на лице его; он хотел отойти, но чувствовал, что ноги его как будто приросли к земле. И видит он: это уже не сон: черты старика двинулись, и губы его стали вытягиваться к нему, как будто бы хотели его высосать... С воплем отчаянья отскочил он — и проснулся.

Il serrait le rouleau d'une main crispée et tremblait de tout le corps à la pensée de le perdre. Soudain les pas se rapprochèrent : le vieillard s'était sans doute aperçu qu'un rouleau manquait. Et de nouveau le terrible regard transperça le paravent, se posa sur lui. Le peintre serra le rouleau avec toute la force du désespoir ; il fit un suprême effort pour bouger, poussa un cri et… se réveilla.

Une sueur froide l'inondait ; son cœur battait à se rompre ; de sa poitrine oppressée, son dernier souffle semblait prêt à s'envoler. « C'était donc un songe ? » se dit-il en se prenant la tête à deux mains. Pourtant l'effroyable apparition avait eu tout le relief de la réalité. Maintenant encore qu'il ne dormait plus, ne voyait-il pas le vieillard rentrer dans le cadre, n'apercevait-il pas un pan de l'ample costume, tandis que sa main gardait la sensation du poids qu'elle avait tenu quelques instants plus tôt ? La lune se jouait toujours à travers la pièce, arrachant à l'ombre ici une toile, là une main de plâtre, ailleurs une draperie abandonnée, sur une chaise un pantalon, des bottes non cirées. À cet instant seulement Tchartkov s'aperçut qu'il était non plus couché dans son lit, mais bien planté juste devant le tableau. Il n'arrivait pas à comprendre ni comment il se trouvait là, ni surtout pourquoi le portrait s'offrait à lui entièrement découvert : le drap avait disparu. Il contemplait avec une terreur figée ces yeux vivants, ces yeux humains qui le fixaient. Une sueur froide inonda son visage ; il voulait s'éloigner, mais ses pieds semblaient rivés au sol. Et il vit, – non, ce n'était pas un songe, – il vit les traits du vieillard bouger, ses lèvres s'allonger vers lui comme si elles voulaient l'aspirer… Il bondit en arrière en jetant une clameur d'épouvante, et brusquement… se réveilla.

«Неужели и это был сон?» С бьющимся на разрыв сердцем ощупал он руками вокруг себя. Да, он лежит на постеле в таком точно положенье, как заснул. Пред ним ширмы; свет месяца наполнял комнату. Сквозь щель в ширмах виден был портрет, закрытый как следует простынею, — так, как он сам закрыл его. Итак, это был тоже сон! Но сжатая рука чувствует доныне, как будто бы в ней что-то было. Биение сердца было сильно, почти страшно; тягость в груди невыносимая. Он вперил глаза в щель и пристально глядел на простыню. И вот видит ясно, что простыня начинает раскрываться, как будто бы под нею барахтались руки и силились ее сбросить. «Господи, боже мой, что это!» вскрикнул он, крестясь отчаянно, и проснулся.

И это был также сон! Он вскочил с постели, полоумный, обеспамятевший, и уже не мог изъяснять, что это с ним делается: давленье ли кошмара или домового, бред ли горячки или живое виденье. Стараясь утишить сколько-нибудь душевное волненье и расколыхавшуюся кровь, которая билась напряженным пульсом по всем его жилам, он подошел к окну и открыл форточку. Холодный пахнувший ветер оживил его. Лунное сияние лежало все еще на крышах и белых стенах домов, хотя небольшие тучи стали чаще переходить по небу. Все было тихо: изредка долетало до слуха отдаленное дребезжанье дрожек извозчика, который где-нибудь в невидном переулке спал, убаюкиваемый своею ленивою клячею, поджидая запоздалого седока. Долго глядел он, высунувши голову в форточку. Уже на небе рождались признаки приближающейся зари; наконец почувствовал он приближающуюся дремоту, захлопнул форточку, отошел прочь, лег в постель и скоро заснул как убитый, самым крепким сном.

« Comment, c'était encore un rêve ! » Le cœur battant à se rompre, il reconnut à tâtons qu'il reposait toujours dans son lit, dans la position même où il s'était endormi. ! À travers la fente du paravent, qui s'étendait toujours devant lui, le clair de lune lui permettait d'apercevoir le portrait, toujours soigneusement enveloppé du drap. Ainsi donc il avait de nouveau rêvé. Pourtant sa main crispée semblait encore tenir quelque chose. Son oppression, ses battements de cœur devenaient insupportables. Par-delà la fente, il couva le drap du regard. Soudain il le vit nettement s'entrouvrir, comme si des mains s'efforçaient par-derrière de le rejeter. « Que se passe-t-il, mon Dieu ? » s'écria-t-il en se signant désespérément… et il se réveilla.

Cela aussi n'était qu'un rêve ! Cette fois il sauta du lit, à moitié fou, incapable de s'expliquer l'aventure : était-ce un cauchemar, le délire, une vision ? Pour calmer quelque peu son émoi et les pulsations désordonnées de ses artères, il s'approcha de la fenêtre, ouvrit le vasistas. Une brise embaumée le ranima. Le clair de lune baignait toujours les toits et les blanches murailles des maisons ; mais déjà de petits nuages couraient, de plus en plus nombreux, sur le ciel. Tout était calme ; de temps en temps montait d'une ruelle invisible le cahotement lointain d'un fiacre, dont le cocher somnolait sans doute au bercement de sa rosse paresseuse, dans l'attente de quelque client attardé. Tchartkov resta longtemps à regarder, la tête hors du vasistas. Les signes précurseurs de l'aurore se montraient déjà au firmament lorsqu'il sentit le sommeil le gagner ; il ferma le vasistas, regagna son lit, s'y allongea et s'endormit, cette fois, profondément.

Проснулся он очень поздно и почувствовал в себе то неприятное состояние, которое овладевает человеком после угара; голова его неприятно болела. В комнате было тускло; неприятная мокрота сеялась в воздухе и проходила сквозь щели его окон, заставленные картинами или нагрунтованным холстом. Пасмурный, недовольный, как мокрый петух, уселся он на своем оборванном диване, не зная сам, за что приняться, что делать, и вспомнил наконец весь свой сон. По мере припоминанья сон этот представлялся в его воображенье так тягостно жив, что он даже стал подозревать, точно ли это был сон и простой бред, не было ли здесь чего-то другого, не было ли это виденье. Сдернувши простыню, он рассмотрел при дневном свете этот страшный портрет. Глаза, точно, поражали своей необыкновенной живостью, но ничего он не находил в них особенно страшного; только как будто какое-то неизъяснимое, неприятное чувство оставалось на душе. При всем том он все-таки не мог совершенно увериться, чтобы это был сон. Ему казалось, что среди сна был какой-то страшный отрывок из действительности. Казалось, даже в самом взгляде и выражений старика как будто что-то говорило, что он был у него эту ночь; рука его почувствовала только что лежавшую в себе тяжесть, как будто бы кто-то за одну только минуту пред сим ее выхватил у него. Ему казалось, что, если бы он держал только покрепче сверток, он, верно, остался бы у него в руке и после пробуждения.

«Боже мой, если бы хотя часть этих денег!» — сказал он, тяжело вздохнувши, и в воображенье его стали высыпаться из мешка все виденные им свертки с заманчивой надписью: «1000 червонных».

Il s'éveilla très tard, la tête lourde, en proie à ce malaise que l'on éprouve dans une chambre enfumée. Un jour blafard, une désagréable humidité s'insinuaient dans l'atelier à travers les fentes des fenêtres, que bouchaient des tableaux et des toiles préparées. Sombre et maussade comme un coq trempé, Tchartkov s'assit sur son divan en lambeaux ; il ne savait trop qu'entreprendre, quand, soudain, tout son rêve lui revint en mémoire ; et son imagination le fit revivre avec une intensité si poignante qu'il finit par se demander s'il n'avait point réellement vu le fantôme. Arrachant aussitôt le drap, il examina le portrait à la lumière du jour. Si les yeux surprenaient toujours par leur vie extraordinaire, il n'y découvrait rien de particulièrement effrayant ; malgré tout, un sentiment pénible, inexplicable, demeurait au fond de son âme : il ne pouvait acquérir la certitude d'avoir vraiment rêvé. En tout cas, une étrange part de réalité avait dû se glisser dans ce rêve : le regard même et l'expression du vieillard semblaient confirmer sa visite nocturne ; la main du peintre éprouvait encore le poids d'un objet qu'on lui aurait arraché quelques instants plus tôt. Que n'avait-il serré le rouleau plus fort ? sans doute l'aurait-il conservé dans sa main, même après son réveil.

« Mon Dieu, que n'ai-je au moins une partie de cet argent ! » se dit-il en poussant un profond soupir. Il revoyait sortir du sac les rouleaux à l'inscription alléchante « 1 000 ducats » ;

Свертки разворачивались, золото блестело, заворачивалось вновь, и он сидел, уставивши неподвижно и бессмысленно свои глаза в пустой воздух, не будучи в состоянье оторваться от такого предмета, — как ребенок, сидящий пред сладким блюдом и видящий, глотая слюнки, как едят его другие.

Наконец у дверей раздался стук, заставивший его неприятно очнуться. Вошел хозяин с квартальным надзирателем, которого появление для людей мелких, как известно, еще неприятнее, нежели для богатых лицо просителя. Хозяин небольшого дома, в котором жил Чартков, был одно из творений, какими обыкновенно бывают владетели домов где-нибудь в Пятнадцатой линии Васильевского острова, на Петербургской стороне или в отдаленном углу Коломны, — творенье, каких много на Руси и которых характер так же трудно определить, как цвет изношенного сюртука. В молодости своей он был капитан и крикун, употреблялся и по штатским делам, мастер был хорошо высечь, был и расторопен, и щеголь, и глуп; но в старости своей он слил в себе все эти резкие особенности в какую-то тусклую неопределенность. Он был уже вдов, был уже в отставке, уже не щеголял, не хвастал, не задирался, любил только пить чай и болтать за ним всякий вздор; ходил по комнате, поправлял сальный огарок; аккуратно по истечении каждого месяца наведывался к своим жильцам за деньгами; выходил на улицу с ключом в руке, для того чтобы посмотреть на крышу своего дома; выгонял несколько раз дворника из его конуры, куда он запрятывался спать; одним словом, человек в отставке, которому после всей забубенной жизни и тряски на перекладных остаются одни пошлые привычки.

ils s'ouvraient, éparpillant leur or, puis se refermaient, disparaissaient, tandis que lui demeurait stupide, les yeux fixés dans le vide, incapable de s'arracher à ce spectacle, comme un enfant à qui l'eau vient à la bouche en voyant les autres se régaler d'un entremets défendu.

Un coup frappé à la porte le fit fâcheusement revenir à lui. Et son propriétaire entra, accompagné du commissaire de quartier, personnage dont l'apparition est, comme nul ne l'ignore, plus désagréable aux gens de peu que ne l'est aux gens riches la vue d'un solliciteur. Ledit propriétaire ressemblait à tous les propriétaires d'immeubles sis dans la quinzième ligne de l'île Basile, dans quelque coin du Vieux Pétersbourg ou tout au fond du faubourg de Kolomna ; c'était un de ces individus – fort nombreux dans notre bonne Russie dont le caractère serait aussi difficile à définir que la couleur d'une redingote usée. Aux temps lointains de sa jeunesse, il avait été capitaine dans l'armée et je ne sais trop quoi dans le civil ; grand brailleur, grand fustigeur, débrouillard et mirliflore ; au demeurant un sot. Depuis qu'il avait vieilli, toutes ces particularités distinctives s'étaient fondues en un morne ensemble indécis. Veuf et retraité, il ne faisait plus ni le fendant ni le vantard, ni le casseur d'assiettes ; il n'aimait qu'à prendre le thé en débitant toutes sortes de fadaises ; il arpentait sa chambre, mouchait sa chandelle, s'en allait tous les trente du mois réclamer son argent à ses locataires, sortait dans la rue, sa clef à la main pour examiner son toit, chassait le portier de sa tanière toutes les fois que le pauvre diable s'y enfermait pour faire un somme ; bref c'était un homme à la retraite qui, après avoir jeté sa gourme et passablement roulé sa bosse, ne gardait plus que de mesquines habitudes.

— Извольте сами глядеть, Варух Кузьмич, — сказал хозяин, обращаясь к квартальному и расставив руки, — вот не платит за квартиру, не платит.

— Что ж, если нет денег? Подождите, я заплачу.

— Мне, батюшка, ждать нельзя, — сказал хозяин в сердцах, делая жест ключом, который держал в руке, — у меня вот Потогонкин, подполковник, живет, семь лет уж живет; Анна Петровна Бухмистерова и сарай и конюшню нанимает на два стойла, три при ней дворовых человека, — вот какие у меня жильцы. У меня, сказать вам откровенно, нет такого заведенья, чтобы не платить за квартиру. Извольте сейчас же заплатить деньги, да и съезжать вон.

— Да, уж если порядились, так извольте платить, — сказал квартальный надзиратель, с небольшим потряхиваньем головы и заложив палец за пуговицу своего мундира.

— Да чем платить? — вопрос. У меня нет теперь ни гроша.

— В таком случае удовлетворите Ивана Ивановича издельями своей профессии, — сказал квартальный, — он, может быть, согласится взять картинами.

— Нет, батюшка, за картины спасибо. Добро бы были картины с благородным содержанием, чтобы можно было на стену повесить, хоть какой-нибудь генерал со звездой или князя Кутузова портрет, а то вон мужика нарисовал, мужика в рубахе, слуги-то, что трет краски. Еще с него, свиньи, портрет рисовать; ему я шею наколочу: он у меня все гвозди из задвижек повыдергивал, мошенник.

« Rendez-vous compte vous-même, Baruch Kouzmitch, dit le propriétaire en écartant les bras : il ne paye pas son terme, il ne le paye pas !

— Que voulez-vous que j'y fasse ? Je n'ai pas d'argent pour le moment. Patientez quelque peu. »

Le propriétaire jeta les hauts cris : « Patienter ! Impossible, mon ami. Savez-vous qui j'ai pour locataires, monsieur ? Le lieutenant-colonel Potogonkine, monsieur, et depuis sept ans, s'il vous plaît ! Mme Anna Pétrovna Boukhmistérov, une personne qui a trois domestiques, monsieur, et à qui je loue encore ma remise ainsi qu'une écurie à deux boxes. Chez moi, voyez-vous, on paye son terme, je vous le dis tout franc. Veuillez donc vous exécuter sur-le-champ et de plus quitter ma maison sans retard.

— Oui, évidemment, puisque vous avez loué, vous devez payer la somme convenue, dit le commissaire avec un léger hochement de tête, un doigt planté derrière un bouton de son uniforme.

— Où voulez-vous que je la prenne ? Je n'ai pas le sou.

— Dans ce cas, veuillez donner satisfaction à Ivan Ivanovitch par des travaux de votre profession. Il acceptera peut-être d'être payé en tableaux ?

— En tableaux ? Merci bien, mon cher ! Encore si c'étaient des peintures à sujets nobles, qu'on pourrait pendre au mur : un général et ses crachats, le prince Koutouzov, ou quelque chose de ce genre ! Mais non, monsieur ne peint que des croquants : tenez, voilà le portrait du gaillard qui lui broie ses couleurs.

Вот посмотрите, какие предметы: вот комнату рисует. Добро бы уж взял комнату прибранную, опрятную, а он вон как нарисовал ее, со всем сором и дрязгом, какой ни валялся. Вот посмотрите, как запакостил у меня комнату, извольте сами видеть. Да у меня по семи лет живут жильцы, полковники, Бухмистерова Анна Петровна... Нет, я вам скажу: нет хуже жильца, как живописец: свинья свиньей живет, просто не приведи бог.

И все это должен был выслушать терпеливо бедный живописец. Квартальный надзиратель между тем занялся рассматриваньем картин и этюдов и тут же показал, что у него душа живее хозяйской и даже была не чужда художественным впечатлениям.

— Хе, — сказал он, тыкнув пальцем на один холст, где была изображена нагая женщина, — предмет, того... игривый. А у этого зачем так под носом черно? табаком, что ли, он себе засыпал?

— Тень, — отвечал на это сурово и не обращая на него глаз Чартков.

— Ну, ее бы можно куда-нибудь в другое место отнести, а под носом слишком видное место, — сказал квартальный, — а это чей портрет? продолжал он, подходя к портрету старика, — уж страшен слишком. Будто он в самом деле был такой страшный; ахти, да он просто глядит! Эх, какой Громобой! С кого вы писали?

À-t-on idée de prendre pour modèle un saligaud pareil ! Celui-là, la main me démange de lui flanquer une volée : il m'a enlevé tous les clous des targettes, le bandit !... Regardez-moi ces sujets !... Tenez, voilà sa chambre : si encore il la représentait propre et bien soignée ; mais non, il la peint avec toutes les saletés qui traînent dedans. Voyez un peu comme il m'a souillé cette pièce ; regardez, regardez vous-même... Moi chez qui des gens comme il faut passent des sept ans entiers : un lieutenant-colonel, Mme Boukhmistérov... Non, décidément, il n'y a pas de pire locataire qu'un artiste : ça vit comme un pourceau ! Dieu nous préserve de mener jamais pareille existence ! »

Le pauvre peintre devait patiemment écouter tout ce fatras. Cependant le commissaire reluquait études et tableaux ; il montra bientôt que son âme, plus vivante que celle du propriétaire, était même accessible aux impressions artistiques.

« Hé, hé, fit-il, en désignant du doigt une toile sur laquelle était peinte une femme nue, voilà un sujet plutôt... folâtre... Et ce bonhomme-là, pourquoi a-t-il une tache noire sous le nez ? Il s'est peut-être sali avec du tabac ?

— C'est l'ombre, répondit sèchement Tchartkov sans tourner les yeux vers lui.

— Vous auriez bien dû la transporter ailleurs ; sous le nez, ça se voit trop, dit le commissaire. Et celui-là, qui est-ce ? continua-t-il en s'approchant du fameux portrait. Il fait peur à voir. Avait-il l'air si terrible en réalité ?... Ah mais, il nous regarde, tout simplement. Quel croquemitaine ! Qui vous a donc servi de modèle ?

— А это с одного...- сказал Чартков и не кончил слова: послышался треск.

Квартальный пожал, видно, слишком крепко раму портрета, благодаря топорному устройству полицейских рук своих; боковые досточки вломились вовнутрь, одна упала на пол, и вместе с нею упал, тяжело звякнув, сверток в синей бумаге. Чарткову бросилась в глаза надпись: «1000 червонных». Как безумный бросился он поднять его, схватил сверток, сжал его судорожно в руке, опустившейся вниз от тяжести.

— Никак, деньги зазвенели, — сказал квартальный, услышавший стук чего-то упавшего на пол и не могший увидать его за быстротой движенья, с какою бросился Чартков прибрать.

— А вам какое дело знать, что у меня есть?

— А такое дело, что вы сейчас должны заплатить хозяину за квартиру; что у вас есть деньги, да вы не хотите платить, — вот что.

— Ну, я заплачу ему сегодня.

— Ну, а зачем же вы не хотели заплатить прежде, да доставляете беспокойство хозяину, да вот и полицию тоже тревожите?

— Потому что этих денег мне не хотелось трогать; я ему сегодня же ввечеру все заплачу и съеду с квартиры завтра же, потому что не хочу оставаться у такого хозяина.

– Oh, c'est un… », voulut dire Tchartkov, mais un craquement lui coupa la parole.

Le commissaire avait sans doute serré trop fort le cadre dans ses lourdes mains d'argousin ; les bordures cédèrent ; l'une tomba par terre et, en même temps qu'elle un rouleau enveloppé de papier bleu qui tinta lourdement. L'inscription « 1 000 ducats » sauta aux yeux de Tchartkov. Il se précipita comme un insensé sur le rouleau, le ramassa, le serra convulsivement dans sa main, abaissée par le poids de l'objet.

« N'est-ce pas de l'argent qui a tinté ? » dit le commissaire.

Il avait bien entendu tomber quelque chose sans que la promptitude de Tchartkov lui eût permis de voir ce que c'était au juste.

« En quoi cela vous regarde-t-il ?

– En ceci, monsieur, que vous devez un terme à votre propriétaire et que, tout en ayant de l'argent, refusez de le payer. Compris ?

– Bon, je le lui payerai dès aujourd'hui.

– Et pourquoi donc, s'il vous plaît, refusiez-vous de le faire ? Pourquoi lui occasionnez-vous du dérangement, à ce digne homme… et à la police par-dessus le marché ?

– Parce que je ne voulais pas toucher à cet argent. Mais je vous répète que je lui réglerai ma dette ce soir même ; et je quitterai dès demain sa maison, car je ne veux pas rester plus longtemps chez un pareil propriétaire.

— Ну, Иван Иванович, он вам заплатит, — сказал квартальный, обращаясь к хозяину.- А если насчет того, что вы не будете удовлетворены как следует сегодня ввечеру, тогда уж извините, господин живописец.

Сказавши это, он надел свою треугольную шляпу и вышел в сени, а за ним хозяин, держа вниз голову и, как казалось, в каком-то раздумье.

— Слава богу, черт их унес! — сказал Чартков, когда услышал затворившуюся в передней дверь.

Он выглянул в переднюю, услал за чем-то Никиту, чтобы быть совершенно одному, запер за ним дверь и, возвратившись к себе в комнату, принялся с сильным сердечным трепетаньем разворачивать сверток. В нем были червонцы, все до одного новые, жаркие, как огонь. Почти обезумев, сидел он за золотою кучею, все еще спрашивая себя, не во сне ли все это. В свертке было ровно их тысяча; наружность его была совершенно такая, в какой они виделись ему во сне. Несколько минут он перебирал их, пересматривал, и все еще не мог прийти в себя. В воображении его воскресли вдруг все истории о кладах, шкатулках с потаенными ящиками, оставляемых предками для своих разорившихся внуков, в твердой уверенности на будущее их промотавшееся положение. Он мыслил так: «Не придумал ли и теперь какой-нибудь дедушка оставить своему внуку подарок, заключив его в рамку фамильного портрета?» Полный романического бреда, он стал даже думать, нет ли здесь какой-нибудь тайной связи с его судьбою: не связано ли существованье портрета с его собственным существованьем, и самое приобретение его не есть ли уже какое-то предопределение?

– Allons, Ivan Ivanovitch, il vous payera... Et s'il ne vous donne pas entière satisfaction, dès ce soir, alors... alors, monsieur l'artiste, vous aurez affaire à nous. »

Sur ce, il se coiffa de son tricorne et gagna l'antichambre, suivi du propriétaire, qui baissait la tête et semblait rêveur.

« Bon débarras, Dieu merci » s'exclama Tchartkov, quand il entendit la porte d'entrée se refermer.

Il jeta un coup d'œil dans l'antichambre, envoya Nikita en course pour être complètement seul, et, revenu dans son atelier, se mit, le cœur palpitant, à défaire son trésor. Le rouleau, semblable en tous points à ceux qu'il avait vus en rêve, contenait exactement mille ducats, flambant neufs et brûlants comme du feu. « N'est-ce point un songe ? » se demanda-t-il encore en contemplant, à demi-fou, ce flot d'or, qu'il palpait éperdument, sans pouvoir reprendre ses esprits. Des histoires de trésors cachés, de cassettes à tiroirs secrets léguées par de prévoyants ancêtres à des arrière-neveux dont ils pressentaient la ruine, obsédaient en foule son imagination. Il en vint à se croire devant un cas de ce genre : sans doute quelque aïeul avait-il imaginé de laisser à son petit-fils ce cadeau, enclos dans le cadre d'un portrait de famille ? Emporté par un délire romanesque, il se demanda même s'il n'y avait pas là un rapport secret avec son propre destin :

Он принялся с любопытством рассматривать рамку портрета. В одном боку ее был выдолбленный желобок, задвинутый дощечкой так ловко и неприметно, что если бы капитальная рука квартального надзирателя не произвела пролома, червонцы остались бы до скончания века в покое. Рассматривая портрет, он подивился вновь высокой работе, необыкновенной отделке глаз; они уже не казались ему страшными, но все еще в душе оставалось всякий раз невольно неприятное чувство.

«Нет, — сказал он сам в себе, — чей бы ты ни был дедушка, а я тебя поставлю за стекло и сделаю тебе за это золотые рамки».

Здесь он набросил руку на золотую кучу, лежавшую пред ним, и сердце забилось сильно от такого прикосновенья.

«Что с ними сделать? — думал он, уставив на них глаза. — Теперь я обеспечен, по крайней мере, на три года, могу запереться в комнату, работать. На краски теперь у меня есть; на обед, на чай, на содержанье, на квартиру есть; мешать и надоедать мне теперь никто не станет; куплю себе отличный манекен, закажу гипсовый торсик, сформую ножки, поставлю Венеру, накуплю гравюр с первых картин. И если поработаю три года для себя, не торопясь, не на продажу, я зашибу их всех, и могу быть славным художником».

Так говорил он заодно с подсказывавшим ему рассудком; но извнутри раздавался другой голос, слышнее и звонче. И как взглянул он еще раз на золото, не то заговорили в нем двадцать два года и горячая юность.

l'existence du portrait n'était-elle pas liée à la sienne, et son acquisition prédestinée ? Il examina très attentivement le cadre : une rainure avait été pratiquée sur l'un des côtés, puis recouverte d'une planchette, mais avec tant d'adresse et de façon si peu visible que, n'était la grosse patte du commissaire, les ducats y auraient reposé jusqu'à la consommation des siècles. Sa vue s'étant, du cadre, reportée sur le tableau, il en admira une fois de plus la superbe facture, et, singulièrement, l'extraordinaire fini des yeux : il les regardait maintenant sans crainte, mais toujours avec un certain malaise.

« Allons, se dit-il, de qui que tu sois l'aïeul, je te mettrai sous verre et, en échange de CECI, je te donnerai un beau cadre doré. »

Ce disant, il laissa tomber sa main sur le tas d'or étalé devant lui ; son cœur précipita ses battements.

« Qu'en faire ? se demandait-il en le couvant du regard. Voilà ma vie assurée pour trois ans au moins. J'ai de quoi acheter des couleurs, payer mon dîner, mon thé, mon entretien, mon logement. Je puis m'enfermer dans mon atelier et y travailler tranquillement ; nul ne viendra plus m'importuner. Je vais faire l'emplette d'un excellent mannequin, me commander un torse de plâtre et y modeler des jambes, cela me fera une Vénus, acheter enfin des gravures d'après les meilleurs tableaux. Si je travaille trois ans sans me dépêcher, sans songer à la vente, je les enfoncerai tous et pourrai devenir un bon peintre. »

Voilà ce que lui dictait la raison, mais au fond de lui-même s'élevait une voix plus puissante. Et quand il eut jeté un nouveau regard sur le tas d'or, ses vingt-deux ans, son ardente jeunesse lui tinrent un bien autre langage.

Теперь в его власти было все то, на что он глядел доселе завистливыми глазами, чем любовался издали, глотая слюнки. Ух, как в нем забилось ретивое, когда он только подумал о том! Одеться в модный фрак, разговеться после долгого поста, нанять себе славную квартиру, отправиться тот же час в театр, в кондитерскую, в... и прочее, — и он, схвативши деньги, был уже на улице.

Прежде всего зашел к портному, оделся с ног до головы и, как ребенок, стал обсматривать себя беспрестанно; накупил духов, помад, нанял, не торгуясь, первую попавшуюся великолепнейшую квартиру на Невском проспекте, с зеркалами и цельными стеклами; купил нечаянно в магазине дорогой лорнет, нечаянно накупил тоже бездну всяких галстуков, более, нежели было нужно, завил у парикмахера себе локоны, прокатился два раза по городу в карете без всякой причины, объелся без меры конфектов в кондитерской и зашел к ресторану французу, о котором доселе слышал такие же неясные слухи, как о китайском государстве. Там он обедал подбоченившись, бросая довольно гордые взгляды на других и поправляя беспрестанно против зеркала завитые локоны. Там он выпил бутылку шампанского, которое тоже доселе было ему знакомо более по слуху. Вино несколько зашумело в голове, и он вышел на улицу живой, бойкий, по русскому выражению: черту не брат. Прошелся по тротуару гоголем, наводя на всех лорнет. На мосту заметил он своего прежнего профессора и шмыгнул лихо мимо его, как будто бы не заметив его вовсе, так что остолбеневший профессор долго еще стоял неподвижно на мосту, изобразив вопросительный знак на лице своем.

Tout ce qu'il avait contemplé jusqu'alors avec des yeux envieux, tout ce qu'il avait admiré de loin, l'eau à la bouche, se trouvait maintenant à sa portée. Ah, comme son cœur ardent se mit à battre dès que cette pensée lui vint ! S'habiller à la dernière mode, faire bombance après ces longs jours de jeûne, louer un bel appartement, aller tout de suite au théâtre, au café, au… Il avait déjà sauté sur son or et se trouvait dans la rue.

Il entra tout d'abord chez un tailleur et une fois vêtu de neuf des pieds à la tête, ne cessa plus de s'admirer comme un enfant. Il loua sans marchander le premier appartement qui se trouva libre sur la Perspective, un appartement magnifique avec de grands trumeaux et des vitres d'un seul carreau. Il acheta des parfums, des pommades, une lorgnette fort coûteuse dont il n'avait que faire et beaucoup plus de cravates qu'il n'en avait besoin. Il se fit friser par un coiffeur, parcourut deux fois la ville en landau sans la moindre nécessité, se bourra de bonbons dans une confiserie, et s'en alla dîner chez un traiteur français, sur lequel il avait jusqu'alors des notions aussi vagues que sur l'empereur de Chine. Tout en dînant il se donnait de grands airs, regardait d'assez haut ses voisins, et réparait sans cesse le désordre de ses boucles en se mirant dans la glace qui lui faisait face. Il se commanda une bouteille de champagne, boisson qu'il ne connaissait que de réputation, et qui lui monta légèrement à la tête. Il se retrouva dans la rue de fort belle humeur et prit des allures de conquérant. Il déambula tout guilleret le long du trottoir en braquant sa lorgnette sur les passants. Il aperçut sur le pont son ancien maître et fila crânement devant lui, comme s'il ne l'avait pas vu : le bonhomme en demeura longtemps stupide, le visage transformé en point d'interrogation.

Все вещи и все, что ни было: станок, холст, картины — были в тот же вечер перевезены на великолепную квартиру. Он расставил то, что было получше, на видные места, что похуже — забросил в угол и расхаживал по великолепным комнатам, беспрестанно поглядывая в зеркала. В душе его возродилось желанье непреоборимое схватить славу сей же час за хвост и показать себя свету. Уже чудились ему крики: «Чартков, Чартков! видали вы картину Черткова? Какая быстрая кисть у Чарткова! Какой сильный талант у Чарткова!» Он ходил в восторженном состоянии у себя по комнате, уносился невесть куда.

На другой же день, взявши десяток червонцев, отправился он к одному издателю ходячей газеты, прося великодушной помощи; был принят радушно журналистом, назвавшим его тот же час «почтеннейший», пожавшим ему обе руки, расспросившим подробно об имени, отчестве, месте жительства, и на другой же день появилась в газете вслед за объявлением о новоизобретенных сальных свечах статья с таким заглавием: «*О необыкновенных талантах Чарткова*»:

«Спешим обрадовать образованных жителей столицы прекрасным, можно сказать, во всех отношениях приобретением. Все согласны в том, что у нас есть много прекраснейших физиогномий и прекраснейших лиц, но не было до сих пор средства передать их на чудотворный холст, для передачи потомству; теперь недостаток этот пополнен: отыскался художник, соединяющий в себе что нужно. Теперь красавица может быть уверена, что она будет передана со всей грацией своей красоты воздушной, легкой, очаровательной,

Le soir même, Tchartkov fit transporter son chevalet, ses toiles, ses tableaux, toutes ses affaires dans le superbe appartement. Après avoir disposé bien en vue ce qu'il avait de mieux et jeté le reste dans un coin, il se mit à arpenter les pièces en jetant de fréquentes œillades aux miroirs. Il sentait sourdre en lui le désir invincible de violenter la gloire et de faire voir à l'univers ce dont il était capable. Il croyait déjà entendre les cris : « Tchartkov ! Tchartkov ! Avez-vous vu le tableau de Tchartkov ? Quelle touche ferme et rapide ! Quel vigoureux talent ! » Une extase fébrile l'emportait Dieu sait où.

Le matin venu, il prit une dizaine de ducats, et s'en alla demander une aide généreuse au directeur d'un journal en vogue. Le directeur le reçut cordialement, lui donna du « cher maître », lui pressa les deux mains, s'enquit par le menu de ses nom, prénoms et domicile. Et dès le lendemain, le journal publiait, à la suite d'une annonce vantant les qualités d'une nouvelle chandelle, un article intitulé : *L'extraordinaire talent de Tchartkov.*

« Hâtons-nous de complimenter les habitants éclairés de notre capitale : ils viennent de faire une acquisition qu'on nous permettra de qualifier de magnifique à tous les points de vue. Chacun se plaît à reconnaître qu'on trouve chez nous un grand nombre de charmants visages et d'heureuses physionomies ; mais nous ne possédions pas encore le moyen de les faire passer à la postérité par l'entremise miraculeuse du pinceau. Cette lacune est désormais comblée : un peintre est apparu qui réunit en lui toutes les qualités nécessaires. Dorénavant nos beautés seront sûres de se voir rendues dans toute leur grâce exquise, aérienne, enchanteresse,

чудесной, подобной мотылькам, порхающим по весенним цветкам. Почтенный отец семейства увидит себя окруженным своей семьей. Купец, воин, гражданин, государственный муж всякий с новой ревностью будет продолжать свое поприще. Спешите, спешите, заходите с гулянья, с прогулки, предпринятой к приятелю, к кузине, в блестящий магазин, спешите, откуда бы ни было. Великолепная мастерская художника (Невский проспект, такой-то номер) уставлена вся портретами его кисти, достойной Вандиков и Тицианов. Не знаешь, чему удивляться: верности ли и сходству с оригиналами или необыкновенной яркости и свежести кисти. Хвала вам, художник! вы вынули счастливый билет из лотереи. Виват, Андрей Петрович (журналист, как видно, любил фамильярность)! Прославляйте себя и нас. Мы умеем ценить вас. Всеобщее стечение, а вместе с тем и деньги, хотя некоторые из нашей же братьи журналистов и восстают против них, будут вам наградою».

С тайным удовольствием прочитал художник это объявление; лицо его просияло. О нем заговорили печатно — это было для него новостию; несколько раз перечитывал он строки. Сравнение с Вандиком и Тицианом ему сильно польстило. Фраза «Виват, Андрей Петрович!» также очень понравилась; печатным образом называют его по имени и по отчеству — честь, доныне ему совершенно неизвестная. Он начал ходить скоро по комнате, ерошить себе волоса, то садился на кресла, то вскакивал с них и садился на диван, представляя поминутно, как он будет принимать посетителей и посетительниц, подходил к холсту и производил над ним лихую замашку кисти, пробуя сообщить грациозные движения руке.

semblable à celle des papillons qui voltigent parmi les fleurs printanières. Le respectable père de famille se verra entouré de tous les siens. Le négociant comme le militaire, l'homme d'État comme le simple citoyen, chacun continuera sa carrière avec un zèle redoublé. Hâtez-vous, hâtez-vous, entrez chez lui, au retour d'une promenade, d'une visite à un ami, à une cousine, à un beau magasin ; hâtez-vous d'y aller d'où que vous veniez. Vous verrez dans son magnifique atelier (Perspective Nevski, n°…) une multitude de portraits dignes des Van Dyck et des Titien. On ne sait trop qu'admirer davantage en eux : la vigueur de la touche, l'éclat de la palette ou la ressemblance avec l'original. Soyez loué, ô peintre, vous avez tiré un bon numéro à la loterie ! Bravo, André Pétrovitch ! (Le journaliste aimait évidemment la familiarité.) Travaillez à votre gloire et à la nôtre. Nous savons vous apprécier. L'affluence du public et la fortune (encore que certains de nos confrères s'élèvent contre elle) seront votre récompense. »

Tchartkov lut et relut cette annonce avec un secret plaisir ; son visage rayonnait. Enfin la presse parlait de lui ! La comparaison avec Van Dyck et Titien le flatta énormément. L'exclamation « Bravo, André Pétrovitch ! » ne fut pas non plus pour lui déplaire : les journaux le nommaient familièrement par ses prénoms ; quel honneur insoupçonné ! Dans sa joie, il entreprit à travers l'atelier une promenade sans fin, en ébouriffant ses cheveux d'une main nerveuse ; tantôt il se laissait choir dans un fauteuil, puis bondissait et s'installait sur le canapé, essayant d'imaginer comment il allait recevoir les visiteurs et les visiteuses ; tantôt il s'approchait d'une toile, esquissant des gestes susceptibles de mettre en valeur tant le charme de sa main que la hardiesse de son pinceau.

На другой день раздался колокольчик у дверей его; он побежал отворять. Вошла дама, предводимая лакеем в ливрейной шинели на меху, и вместе с дамой вошла молоденькая восемнадцатилетняя девочка, дочь ее.

— Вы мсьё Чартков? — сказала дама.

Художник поклонился.

— Об вас столько пишут; ваши портреты, говорят, верх совершенства.

Сказавши это, дама наставила на глаз лорнет и побежала быстро осматривать стены, на которых ничего не было. — А где же ваши портреты?

— Вынесли, — сказал художник, несколько смешавшись, — я только что переехал еще на эту квартиру, так они еще в дороге... не доехали.

— Вы были в Италии? — сказала дама, наводя на него лорнет, не найдя ничего другого, на что бы можно было навесть его.

— Нет, я не был, но хотел быть... впрочем, теперь покамест я отложил... Вот кресла-с, вы устали?..

— Благодарю, я сидела долго в карете. А, вон наконец вижу вашу работу! — сказала дама, побежала к супротивной стене и наводя лорнет на стоявшие на полу его этюды, программы, перспективы и портреты. — *C'est charmant! Lise, Lise, venez ici!* Комната во вкусе Теньера, видишь: беспорядок, беспорядок, стол, на нем бюст, рука, палитра; вон пыль, — видишь, как пыль нарисована! *C'est charmant!*

Le lendemain, on sonna à sa porte ; il courut ouvrir. Une dame entra, suivie d' un valet en manteau de livrée doublé de fourrure, en même temps qu'une jeune personne de dix-huit ans, sa fille.

« Vous êtes bien M. Tchartkov ? » s'enquit la dame.

Le peintre s'inclina.

« On parle beaucoup de vous ; on prétend que vos portraits sont le comble de la perfection. »

Sans attendre de réponse, la dame, levant son face-à-main, s'en fut d'un pas léger examiner les murs ; mais comme elle les trouva vides : « Où donc sont vos portraits ? demanda-t-elle.

— On les a emportés, dit le peintre quelque peu confus. ... Je viens d'emménager ici..., ils sont encore en route.

— Vous êtes allé en Italie ? demanda encore la dame en braquant vers lui son face-à-main, faute d'autre objet à lorgner.

— Non..., pas encore... J'en avais bien l'intention... mais j'ai remis mon voyage... Mais voici des fauteuils ; vous devez être fatiguées ?

— Merci, je suis longtemps restée assise en voiture... Ah, ah, je vois enfin de vos œuvres ! » s'écria la dame, dirigeant cette fois son face-à-main vers la paroi au pied de laquelle Tchartkov avait déposé ses études, ses portraits, ses essais de perspective. Elle y courut aussitôt. « C'est charmant. Lise, Lise, venez ici. Un intérieur à la manière de Téniers. Tu vois ? Du désordre, du désordre partout ; une table et un buste dessus, une main, une palette... et jusqu'à de la poussière... Tu vois, tu vois la poussière ? C'est charmant...

А вон на другом холсте женщина, моющая лицо, — quelle jolie figure! Ах, мужичок! Lise, Lise, мужичок в русской рубашке! смотри: мужичок! Так вы занимаетесь не одними только портретами?

— О, это вздор… Так, шалил…этюды…

— Скажите, какого вы мнения насчет нынешних портретистов? Не правда ли, теперь нет таких, как был Тициан? Нет той силы в колорите, нет той… как жаль, что я не могу вам выразить по-русски (дама была любительница живописи и обегала с лорнетом все галереи в Италии). Однако мсьё Ноль… ах, как он пишет! Какая необыкновенная кисть! Я нахожу, что у него даже больше выраженья в лицах, нежели у Тициана. Вы не знаете мсьё Ноля?

— Кто этот Ноль? — спросил художник.

— Мсьё Ноль. Ах, какой талант! он написал с нее портрет, когда ей было только двенадцать лет. Нужно, чтобы вы непременно у нас были. Lise, ты ему покажи свой альбом. Вы знаете, что мы приехали с тем, чтобы сей же час начали с нее портрет.

— Как же, я готов сию минуту.

И в один мгновенье придвинул он станок с готовым холстом, взял в руки палитру, вперил глаз в бледное личико дочери. Если бы он был знаток человеческой природы, он прочел бы на нем в одну минуту начало ребяческой страсти к балам, начало тоски и жалоб на длинноту времени до обеда и после обеда, желанья побегать в новом платье на гуляньях, тяжелые следы безучастного прилежания к разным искусствам, внушаемого матерью для возвышения

Tiens, une femme qui se lave le visage ! Quelle jolie figure !... Ah, un moujik !... Lise, Lise, regarde : un petit moujik en blouse russe !... Je croyais que vous ne peigniez que des portraits ?

— Oh, tout cela n'est que bagatelles... Histoire de m'amuser... De simples études !

— Dites, que pensez-vous des portraitistes contemporains ? N'est-ce pas qu'aucun d'eux n'approche du Titien ? On ne trouve plus cette puissance de coloris, cette... Quel dommage que je ne puisse vous exprimer ma pensée en russe ! » La dame, férue de peinture, avait parcouru avec son face-à-main toutes les galeries d'Italie... « Cependant M. Nol... Ah, celui-là comme il peint... Je trouve ses visages plus expressifs même que ceux du Titien !... Vous ne connaissez pas M. Nol ?

— Qui est ce Nol ?

— M. Nol ! Ah, quel talent ! Il a peint le portrait de Lise lorsqu'elle n'avait que douze ans... Il faut absolument que vous veniez le voir. Lise, montre-lui ton album. Vous savez que nous sommes ici pour que vous commenciez son portrait, séance tenante.

— Comment donc !... À l'instant même !... »

En un clin d'œil il avança son chevalet chargé d'une toile, prit sa palette, attacha son regard sur le pâle visage de la jeune fille. Tout connaisseur du cœur humain aurait aussitôt déchiffré sur ces traits : un engouement enfantin pour les bals ; pas mal d'ennui et des plaintes sur la longueur du temps, avant comme après le dîner ; un vif désir de faire voir ses robes neuves à la promenade ; les lourdes traces d'une application indifférente à des arts divers, inspirée par sa mère en vue d'élever

души и чувств. Но художник видел в этом нежном личике одну только заманчивую для кисти почти фарфоровую прозрачность тела, увлекательную легкую томность, тонкую светлую шейку и аристократическую легкость стана. И уже заранее готовился торжествовать, показать легкость и блеск своей кисти, имевшей доселе дело только с жесткими чертами грубых моделей, с строгими антиками и копиями кое-каких классических мастеров. Он уже представлял себе в мыслях, как выйдет это легонькое личико.

— Знаете ли, — сказала дама с несколько даже трогательным выражением лица, — я бы хотела... на ней теперь платье; я бы, признаюсь, не хотела, чтобы она была в платье, к которому мы так привыкли; я бы хотела, чтоб она была одета просто и сидела бы в тени зелени, в виду каких-нибудь полей, чтобы стада вдали или роща... чтобы незаметно было, что она едет куда-нибудь на бал или модный вечер. Наши балы, признаюсь, так убивают душу, так умерщвляют остатки чувств... простоты, простоты чтобы было больше.

Увы! на лицах и матушки и дочери написано было, что они до того исплясались на балах, что обе сделались чуть не восковыми.

Чартков принялся за дело, усадил оригинал, сообразил несколько все это в голове; провел по воздуху кистью, мысленно устанавливая пункты; прищурил несколько глаз, подался назад, взглянул издали — и в один час начал и кончил подмалевку. Довольный ею, он принялся уже писать, работа его завлекла. Уже он позабыл все, позабыл даже, что находится в присутствии аристократических дам, начал даже выказывать иногда кое-какие художнические ухватки,

son âme. Tchartkov, lui, ne voyait sur cette figure délicate qu'une transparence de chair rappelant presque la porcelaine et bien faite pour tenter le pinceau ; une molle langueur, le cou fin et blanc, la taille d'une sveltesse aristocratique le séduisait. Il se préparait d'avance à triompher, à montrer l'éclat, la légèreté d'un pinceau qui n'avait eu jusqu'ici affaire qu'à de vils modèles aux traits heurtés, à de sévères antiques, à quelques copies de grands maîtres. Il voyait déjà ce gentil minois rendu par lui.

« Savez-vous quoi ? fit la dame, dont le visage prit une expression quasi touchante. Je voudrais... Elle porte une robe... Je préférerais, voyez-vous, ne pas la voir peinte dans la robe à laquelle nous sommes si habituées. J'aimerais qu'elle fût vêtue simplement, assise à l'ombre de verdures, au sein de quelque prairie... avec un troupeau ou des bois dans le lointain..., qu'elle n'eût pas l'air d'aller à un bal ou à une soirée à la mode. Les bals, je vous l'avoue, sont mortels pour nos âmes ; ils atrophient ce qui nous reste encore de sentiments... Il faudrait, voyez-vous, plus de simplicité. »

Hélas ! les visages de cire de la mère et de la fille prouvaient qu'elles avaient un peu trop fréquenté les dits bals.

Tchartkov se mit à l'ouvrage. Il installa son modèle, réfléchit quelques instants, prit ses points de repère en battant l'air du pinceau, cligna d'un œil, se recula pour mieux juger de l'effet. Au bout d'une heure, la préparation terminée à son gré, il commença de peindre. Tout entier à son œuvre, il en oublia jusqu'à la présence de ses aristocratiques clientes et céda bientôt à ses façons de rapin :

произнося вслух разные звуки, временами подпевая, как случается с художником, погруженным всею душою в свое дело. Без всякой церемонии, одним движеньем кисти заставлял он оригинал поднимать голову, который наконец начал сильно вертеться и выражать совершенную усталость.

— Довольно, на первый раз довольно, — сказала дама.

— Еще немножко, — говорил позабывшийся художник.

— Нет, пора! Lise, три часа! — сказала она, вынимая маленькие часы, висевшие на золотой цепи у ее кушака, и вскрикнула: — Ах, как поздно!

— Минуточку только, — говорил Чартков простодушным и просящим голосом ребенка.

Но дама, кажется, совсем не была расположена угождать на этот раз его художественным потребностям и обещала вместо того просидеть в другой раз долее.

«Это, однако ж, досадно, — подумал про себя Чартков, — рука только что расходилась». И вспомнил он, что его никто не перебивал и не останавливал, когда он работал в своей мастерской на Васильевском острове; Никита, бывало, сидел не ворохнувшись на одном месте — пиши с него сколько угодно; он даже засыпал в заказанном ему положении. И, недовольный, положил он свою кисть и палитру на стул и остановился смутно пред холстом. Комплимент, сказанный светской дамой, пробудил его из усыпления. Он бросился быстро к дверям провожать их; на лестнице получил приглашение бывать, прийти на следующей неделе обедать и с веселым видом возвратился к себе в комнату. Аристократическая дама совершенно очаровала его.

il chantonnait, poussait des exclamations, faisait sans la moindre cérémonie, d'un simple mouvement de pinceau, lever la tête à son modèle, qui finit par s'agiter et témoigner d'une fatigue extrême.

« Assez pour aujourd'hui, dit la mère.

— Encore quelques instants, supplia le peintre.

— Non, il est temps de partir… Trois heures déjà, Lise. Ah mon Dieu, qu'il est tard ! s'écria-t-elle en tirant une petite montre accrochée par une chaîne d'or à sa ceinture.

— Rien qu'une petite minute ! » implora Tchartkov, d'une voix naïve, enfantine.

Mais la dame ne paraissait nullement disposée à satisfaire, ce jour-là, les exigences artistiques de son peintre ; elle lui promit, en revanche, de rester davantage une autre fois.

« C'est bien ennuyeux, se dit Tchartkov, ma main commençait à se dégourdir ! » Il se souvint que, dans son atelier de l'île Basile, personne n'interrompait son travail : Nikita gardait la pose indéfiniment et s'endormait même dans cette position. Il abandonna, tout dépité, son pinceau, sa palette, et se figea dans la contemplation de sa toile. Un compliment de la grande dame le tira de cette rêverie. Il se précipita pour accompagner les visiteuses jusqu'à la porte de la maison ; sur l'escalier il fut autorisé à les venir voir, prié à dîner pour la semaine suivante. Il rentra chez lui tout rasséréné, entièrement captivé par les charmes de la grande dame.

До сих пор он глядел на подобные существа как на что-то недоступное, которые рождены только для того, чтобы пронестись в великолепной коляске с ливрейными лакеями и щегольским кучером и бросить равнодушный взгляд на бредущего пешком, в небогатом плащишке человека. И вдруг теперь одно из этих существ вошло к нему в комнату; он пишет портрет, приглашен на обед в аристократический дом. Довольство овладело им необыкновенное; он был упоен совершенно и наградил себя за это славным обедом, вечерним спектаклем и опять проехался в карете по городу без всякой нужды.

Во все эти дни обычная работа ему не шла вовсе на ум. Он только приготовлялся и ждал минуты, когда раздастся звонок. Наконец аристократическая дама приехала вместе с своею бледненькою дочерью. Он усадил их, придвинул холст уже с ловкостью и претензиями на светские замашки и стал писать. Солнечный день и ясное освещение много помогли ему. Он увидел в легоньком своем оригинале много такого, что, быв уловлено и передано на полотно, могло придать высокое достоинство портрету; увидел, что можно сделать кое-что особенное, если выполнить все в такой окончательности, в какой теперь представлялась ему натура. Сердце его начало даже слегка трепетать, когда он почувствовал, что выразит то, чего еще не заметили другие. Работа заняла его всего, весь погрузился он в кисть, позабыв опять об аристократическом происхождении оригинала. С занимавшимся дыханием видел, как выходили у него легкие черты и это почти прозрачное тело семнадцатилетней девушки. Он ловил всякий оттенок, легкую желтизну, едва заметную голубизну под глазами

Jusqu'alors il avait jugé ces êtres-là inaccessibles, uniquement créés et mis au monde pour rouler dans de belles voitures, avec cochers et valets de pied de grand style, et n'accordant aux pauvres piétons que des regards indifférents. Et voilà qu'une de ces nobles créatures avait pénétré chez lui pour lui commander le portrait de sa fille et l'inviter dans son aristocratique demeure. Une joie délirante l'envahit ; pour fêter ce grand événement, il s'offrit un bon dîner, passa la soirée au spectacle et parcourut de nouveau la ville en landau, toujours sans la moindre nécessité.

Les jours suivants, il ne parvint pas à s'intéresser à ses travaux en cours. Il ne faisait que se préparer, qu'attendre le moment où l'on sonnerait à la porte. Enfin la grande dame et sa pâle enfant arrivèrent. Il les fit asseoir, avança la toile – avec adresse cette fois et des prétentions à l'élégance – et se mit à peindre. La journée ensoleillée, le vif éclairage lui permirent d'apercevoir sur son fragile modèle certains détails qui, traduits sur la toile, donneraient une grande valeur au portrait. Il comprit que, s'il arrivait à les reproduire avec la même perfection que les lui offrait la nature, il ferait quelque chose d'extraordinaire. Son cœur commença même à battre légèrement quand il sentit qu'il allait exprimer ce dont nul avant lui ne s'était encore aperçu. Tout à son art, il oublia de nouveau la noble origine de son modèle. À voir si bien rendus par son pinceau ces traits délicats, cette chair exquise, quasi diaphane, il se sentait défaillir. Il tâchait de saisir la moindre nuance, un léger reflet jaune, une tache bleuâtre à peine visible sous les yeux

и уже готовился даже схватить небольшой прыщик, выскочивший на лбу, как вдруг услышал над собою голос матери.

«Ах, зачем это? это не нужно, — говорила дама.- У вас тоже... вот, в некоторых местах... как будто бы несколько желто и вот здесь совершенно как темные пятнышки».

Художник стал изъяснять, что эти-то пятнышки и желтизна именно разыгрываются хорошо, что они составляют приятные и легкие тоны лица. Но ему отвечали, что они не составят никаких тонов и совсем не разыгрываются; и что это ему только так кажется.

«Но позвольте здесь в одном только месте тронуть немножко желтенькой краской», — сказал простодушно художник.

Но этого-то ему и не позволили. Объявлено было, что Lise только сегодня немножко не расположена, а что желтизны в ней никакой не бывает и лицо поражает особенно свежестью. краски.

С грустью принялся он изглаживать то, что кисть его заставала выступить на полотно. Исчезло много почти незаметных черт, а вместе с ними исчезло отчасти и сходство. Он бесчувственно стал сообщать ему тот общий колорит, который дается наизусть и обращает даже лица, взятые с натуры, в какие-то холодно-идеальные, видимое на ученических программах. Но дама была довольна тем, что обидный колорит был изгнан вовсе. Она изъявила только удивленье, что работа идет так долго, и прибавила, что слышала, будто он в два сеанса оканчивает совершенно портрет.

et copiait déjà un petit bouton poussé sur le front, quand il entendit au-dessus de lui la voix de la maman :

« Eh non, voyons… Pourquoi cela ? C'est inutile… Et puis il me semble qu'à certains endroits vous avez fait… un peu jaune… Et ici, tenez, on dirait de petites taches sombres. »

Le peintre voulut expliquer que précisément ces taches et ces reflets jaunes mettaient en valeur l'agréable et tendre coloris du visage. Il lui fut répondu qu'elles ne mettaient rien du tout en valeur, que c'était là une illusion de sa part.

« Permettez-moi pourtant une légère touche de jaune, une seule, ici tenez », insista le naïf Tchartkov.

On ne lui permit même pas cela. Il lui fut déclaré que Lise n'était pas très bien disposée ce jour-là, que d'habitude son visage, d'une fraîcheur surprenante, n'offrait pas la moindre trace de jaune.

Bon gré mal gré, Tchartkov dut effacer ce que son pinceau avait fait naître sur la toile. Bien des traits presque invisibles disparurent et avec eux s'évanouit une partie de la ressemblance. Il se mit à donner machinalement au tableau cette note uniforme qui se peint de mémoire et transforme les portraits d'êtres vivants en figures froidement irréelles, semblables à des modèles de dessin. Mais la disparition des tons déplaisants satisfit pleinement la noble dame. Elle marqua toutefois sa surprise de voir le travail traîner si longtemps : M. Tchartkov, lui avait-on dit, terminait ses portraits en deux séances.

Художник ничего не нашелся на это отвечать. Дамы поднялись и собирались выйти. Он положил кисть, проводил их до дверей и после того долго оставался смутным на одном и том же месте перед своим портретом.

Он глядел на него глупо, а в голове его между тем носились те легкие женственные черты, те оттенки и воздушные тоны, им подмеченные, которые уничтожила безжалостно его кисть. Будучи весь полон ими, он отставил портрет в сторону и отыскал у себя где-то заброшенную головку Психеи, которую тогда-то давно и эскизно набросал на полотно. Это было личико, ловко написанное, но совершенно идеальное, холодное, состоявшее из одних общих черт, не принявшее живого тела. От нечего делать он теперь принялся проходить его, припоминая на нем все, что случилось ему подметить в лице аристократической посетительницы. Сломленные им черты, оттенки и тоны здесь ложились в том очищенном виде, в каком являются они тогда, когда художник, наглядевшись на природу, уже отдаляется от нее и производит ей равное создание. Психея стала оживать, и едва сквозившая мысль начала мало-помалу облекаться в видимое тело. Тип лица молоденькой светской девицы невольно сообщился Психее, и чрез то получила она своеобразное выражение, дающее право на название истинно оригинального произведения.

Казалось, он воспользовался по частям и вместе всем, что представил ему оригинал, и привязался совершенно к своей работе. В продолжение нескольких дней он был занят только ею. И за этой самой работой застал его приезд знакомых дам. Он не успел снять со станка картину. Обе дамы издали радостный крик изумленья и всплеснули руками.

Le Portrait

L'artiste ne trouva rien à lui répondre. Il déposa son pinceau et, quand il eut accompagné ces dames jusqu'à la porte, demeura longtemps, immobile et songeur, devant sa toile.

Il revoyait avec une douleur stupide les nuances légères, les tons vaporeux qu'il avait saisis puis effacés d'un pinceau impitoyable. Plein de ces impressions, il écarta le portrait, alla chercher une tête de Psyché, qu'il avait naguère ébauchée puis abandonnée dans un coin. C'était une figure dessinée avec art, mais froide, banale, conventionnelle. Il la reprit maintenant dans le dessein d'y fixer les traits qu'il avait pu observer sur son aristocratique visiteuse, et qui se pressaient en foule dans sa mémoire. Il réussit en effet à les y transposer sous cette forme épurée que leur donnent les grands artistes, alors qu'imprégnés de la nature ils s'en éloignent pour la recréer. Psyché parut s'animer : ce qui n'était qu'une implacable abstraction se transforma peu à peu en un corps vivant ; les traits de la jeune mondaine lui furent involontairement communiqués et elle acquit de ce fait cette expression particulière qui donne à l'œuvre d'art un cachet d'indéniable originalité.

Tout en utilisant les détails, Tchartkov semblait avoir réussi à dégager le caractère général de son modèle. Son travail le passionnait ; il s'y consacra entièrement durant plusieurs jours et les deux dames l'y surprirent. Avant qu'il eût eu le temps d'éloigner son tableau, elles battirent des mains, poussèrent des cris joyeux.

— Lise, Lise! Ах, как похоже! Superbe, superbe! Как хорошо вы вздумали, что одели ее в греческий костюм. Ах, какой сюрприз!

Художник не знал, как вывести дам из приятного заблуждения. Совестясь и потупя голову, он произнес тихо:

— Это Психея.

— В виде Психеи? C'est charmant! — сказала мать, улыбнувшись, причем улыбнулась также и дочь.- Не правда ли, Lise, тебе больше всего идет быть изображенной в виде Психеи? Quelle idee delicieuse! Но какая работа! Это Корредж. Признаюсь, я читала и слышала о вас, но я не знала, что у вас такой талант. Нет, вы непременно должны написать также и с меня портрет.

Даме, как видно, хотелось также предстать в виде какой-нибудь Психеи.

«Что мне с ними делать? — подумал художник. — Если они сами того хотят, так пусть Психея пойдет за то, что им хочется», — и произнес вслух:

— Потрудитесь еще немножко присесть, я кое-что немножко трону.

— Ах, я боюсь, чтобы вы как-нибудь не... она так теперь похожа.

Но художник понял, что опасения были насчет желтизны, и успокоил их, сказав, что он только придаст более блеску и выраженья глазам. А по справедливости, ему было слишком совестно и хотелось хотя сколько-нибудь более придать сходства с оригиналом, дабы не укорил его кто-нибудь в решительном бесстыдстве.

« Lise, Lise, ah, que c'est ressemblant ! Superbe, superbe ! Quelle bonne idée vous avez eue de l'habiller d'un costume grec ! Ah quelle surprise ! »

Le peintre ne savait comment les tirer de cette agréable erreur. Mal à l'aise, baissant les yeux, il murmura :

« C'est Psyché.

– Psyché ! Ah ! charmant ! dit la mère en le gratifiant d'un sourire que la fille imita aussitôt. N'est-ce pas, Lise, tu ne saurais être mieux qu'en Psyché ? Quelle idée délicieuse ! Mais quel art ! On dirait un Corrège. J'ai beaucoup entendu parler de vous. J'ai lu bien des choses sur votre compte, mais, vous l'avouerai-je ? je ne vous savais pas un pareil talent. Allons, il faut que vous fassiez aussi mon portrait. »

Évidemment la bonne dame se voyait, elle aussi, sous les traits de quelque Psyché.

« Tant pis ! se dit Tchartkov. Puisqu'elles ne veulent pas être dissuadées, Psyché passera pour ce qu'elles désirent. »

« Ayez la bonté de vous asseoir un moment, proféra-t-il ; j'ai quelques retouches à faire.

– Ah, je crains que vous… Elle est si ressemblante ! »

Comprenant que leur appréhension avait surtout trait aux tons jaunes, le peintre s'empressa de rassurer ces dames : il voulait seulement souligner le brillant et l'expression des yeux. En réalité, il éprouvait une honte extrême et, de peur qu'on ne lui reprochât son impudence, il tenait à pousser la ressemblance aussi loin que possible.

И точно, черты бледной девушки стали наконец выходить яснее из облика Психеи.

— Довольно! — сказала мать, начинавшая бояться, чтобы сходство не приблизилось наконец уже чересчур близко.

Художник был награжден всем: улыбкой, деньгами, комплиментом, искренним пожатьем руки, приглашеньем на обеды; словом, получил тысячу лестных наград.

Портрет произвел по городу шум. Дама показала его приятельницам; все изумлялись искусству, с каким художник умел сохранить сходство и вместе с тем придать красоту оригиналу. Последнее замечено было, разумеется, не без легкой краски зависти в лице. И художник вдруг был осажден работами. Казалось, весь город хотел у него писаться. У дверей поминутно раздавался звонок. С одной стороны, это могло быть хорошо, представляя ему бесконечную практику разнообразием, множеством лиц. Но, на беду, это все был народ, с которым было трудно ладить, народ торопливый, занятой или же принадлежащий свету, — стало быть, еще более занятой, нежели всякий другой, и потому нетерпеливый до крайности. Со всех сторон только требовали, чтоб было хорошо и скоро. Художник увидел, что оканчивать решительно было невозможно, что все нужно было заменить ловкостью и быстрой бойкостью кисти. Охватывать одно только целое, одно общее выраженье и не углубляться кистью в утонченные подробности; одним словом, следить природу в ее окончательности было решительно невозможно. Притом нужно прибавить, что у всех почти писавшихся много было других притязаний на разное.

Bientôt en effet le visage de Psyché prit de plus en plus nettement les traits de la pâle jeune fille.

« Assez ! » dit la mère redoutant que la ressemblance ne devînt trop parfaite.

Un sourire, de l'argent, des compliments, une poignée de main fort cordiale, une invitation à dîner, bref mille récompenses flatteuses payèrent le peintre de ses peines.

Le portrait fit sensation. La dame le montra à ses amies : toutes admirèrent – non sans qu'une légère rougeur leur montât au visage – l'art avec lequel le peintre avait su à la fois garder la ressemblance et mettre en valeur la beauté du modèle. Et Tchartkov fut soudain assailli de commandes ; toute la ville semblait vouloir se faire portraiturer par lui ; on sonnait à chaque instant à sa porte. Évidemment la diversité de toutes ces figures pouvait lui permettre d'acquérir une pratique extraordinaire. Par malheur, c'étaient des gens difficiles à satisfaire, des gens pressés, fort occupés, ou des mondains, c'est-à-dire encore plus occupés que les autres et par conséquent très impatients. Tous tenaient à un travail rapide et bien fait. Tchartkov comprit que dans ces conditions il ne pouvait rechercher le fini ; la prestesse du pinceau devait lui tenir lieu de toute autre qualité. Il suffisait de saisir l'ensemble, l'expression générale, sans vouloir approfondir les détails, poursuivre la nature jusqu'en son intime perfection. En outre, chacun – ou presque chacun – de ses modèles avait ses prétentions particulières.

Дамы требовали, чтобы преимущественно только душа и характер изображались в портретах, чтобы остального иногда вовсе не придерживаться, округлить все углы, облегчить все изъянцы и даже, если можно, избежать их вовсе. Словом, чтобы на лицо можно было засмотреться, если даже не совершенно влюбиться. И вследствие этого, садясь писаться, они принимали иногда такие выражения, которые приводили в изумленье художника: та старалась изобразить в лице своем меланхолию, другая мечтательность, третья во что бы ни стало хотела уменьшить рот и сжимала его до такой степени, что он обращался наконец в одну точку, не больше булавочной головки. И, несмотря на все это, требовали от него сходства и непринужденной естественности.

Мужчины тоже были ничем не лучше дам. Один требовал себя изобразить в сильном, энергическом повороте головы; другой с поднятыми кверху вдохновенными глазами; гвардейский поручик требовал непременно, чтобы в глазах виден был Марс; гражданский сановник норовил так, чтобы побольше было прямоты, благородства в лице и чтобы рука оперлась на книгу, на которой бы четкими словами было написано: «Всегда стоял за правду».

Сначала художника бросали в пот такие требованья: все это нужно было сообразить, обдумать, а между тем сроку давалось очень немного. Наконец он добрался, в чем было дело, и уж не затруднялся нисколько. Даже из двух, трех слов смекал вперед, кто чем хотел изобразить себя. Кто хотел Марса, он в лицо совал Марса; кто метил в Байрона, он давал ему байроновское положенье и поворот.

Les dames demandaient que le portrait rendît avant tout l'âme et le caractère, le reste devant être parfois complètement négligé ; que les angles fussent tous arrondis, les défauts atténués, voire supprimés ; bref, que le visage, s'il ne pouvait provoquer des coups de foudre, inspirât tout au moins l'admiration. Aussi prenaient-elles en s'installant pour la pose des expressions bien faites pour déconcerter Tchartkov : l'une jouait la rêveuse, l'autre la mélancolique ; pour amenuiser sa bouche, une troisième se pinçait les lèvres jusqu'à donner l'illusion d'un point gros comme une tête d'épingle. Elles ne laissaient pas pour autant d'exiger de lui la ressemblance, le naturel, l'absence d'apprêts.

Les hommes ne le cédaient en rien au sexe faible. Celui-ci voulait se voir rendu avec un port de tête énergique, celui-là avec les yeux levés au ciel d'un air inspiré. Un lieutenant de la garde désirait que son regard fît songer à Mars ; un fonctionnaire, que son visage exprimât au plus haut degré la noblesse jointe à la droiture ; sa main devait s'appuyer sur un livre où s'inscriraient très apparemment, ces mots : « J'ai toujours défendu la vérité. »

Au début ces exigences affolaient Tchartkov : impossible de les satisfaire sérieusement dans un laps de temps aussi court ! Mais bientôt il comprit de quoi il retournait et cessa de se mettre martel en tête. Deux ou trois mots lui faisaient deviner les désirs du modèle. Celui qui se voulait en Mars l'était. À celui qui prétendait jouer les Byron, il octroyait une pose et un port de tête byroniens.

Коринной ли, Ундиной, Аспазией ли желали быть дамы, он с большой охотой соглашался на всё и прибавлял от себя уже всякому вдоволь благообразия, которое, как известно, нигде не подгадит и за что простят иногда художнику и самое несходство. Скоро он уже сам начал дивиться чудной быстроте и бойкости своей кисти. А писавшиеся, само собою разумеется, были в восторге и провозглашали его гением.

Чартков сделался модным живописцем во всех отношениях. Стал ездить на обеды, сопровождать дам в галереи и даже на гулянья, щегольски одеваться и утверждать гласно, что художник должен принадлежать к обществу, что нужно поддержать его званье, что художники одеваются как сапожники, не умеют прилично вести себя, не соблюдают высшего тона и лишены всякой образованности. Дома у себя, в мастерской он завел опрятность и чистоту в высшей степени, определил двух великолепных лакеев, завел щегольских учеников, переодевался несколько раз в день в разные утренние костюмы, завивался, занялся улучшением разных манер, с которыми принимать посетителей, занялся украшением всеми возможными средствами своей наружности, чтобы произвести ею приятное впечатление на дам; одним словом, скоро нельзя было в нем вовсе узнать того скромного художника, который работал когда-то незаметно в своей лачужке на Васильевском острове. О художниках и об искусстве он изъяснялся теперь резко: утверждал, что прежним художникам уже чересчур много приписано достоинства, что все они до Рафаэля писали не фигуры, а селедки; что существует только в воображении рассматривателей мысль, будто бы видно в них присутствие какой-то святости;

Qu'une dame désirât être Corinne, Ondine, Aspasie ou Dieu sait quoi encore, il y consentait sur-le-champ. Il avait seulement soin d'ajouter une dose suffisante de beauté, de distinction, ce qui, chacun le sait, ne gâte jamais les choses et peut faire pardonner au peintre jusqu'au manque de ressemblance. L'étonnante prestesse de son pinceau finit par le surprendre lui-même. Quant à ses modèles, ils se déclaraient naturellement enchantés et proclamaient partout son génie.

Tchartkov devint alors, sous tous les rapports, un peintre à la mode. Il dînait à droite et à gauche, accompagnait les dames aux expositions, voire à la promenade, s'habillait en dandy, affirmait publiquement qu'un peintre appartient à la société et ne doit point déroger à son rang. Les artistes, à l'en croire, avaient grand tort de s'accoutrer comme des savetiers, d'ignorer les belles manières, de manquer totalement d'éducation. Il portait maintenant des jugements tranchants sur l'art et les artistes. À l'entendre on prônait trop les vieux maîtres : « Les préraphaélites n'ont peint que des écorchés ; la prétendue sainteté de leurs œuvres n'existe que dans l'imagination de ceux qui les contemplent ;

что сам Рафаэль даже писал не все хорошо и за многими произведениями его удержалась только по преданию слава; что Микель-Анжел хвастун, потому что хотел только похвастать знанием анатомии, что грациозности в нем нет никакой и что настоящий блеск, силу кисти и колорит нужно искать только теперь, в нынешнем веке. Тут, натурально, невольным образом доходило дело и до себя.

— Нет, я не понимаю, — говорил он, — напряженья других сидеть и корпеть за трудом. Этот человек, который копается по нескольку месяцев над картиною, по мне, труженик, а не художник. Я не поверю, чтобы в нем был талант. Гений творит смело, быстро. Вот у меня, — говорил он, обращаясь обыкновенно к посетителям, — этот портрет я написал в два дня, эту головку в один день, это в несколько часов, это в час с небольшим. Нет, я... я, признаюсь, не признаю художеством того, что лепится строчка за строчкой; это уж ремесло, а не художество.

Так рассказывал он своим посетителям, и посетители дивились силе и бойкости его кисти, издавали даже восклицания, услышав, как быстро они производились, и потом пересказывали друг другу:

«Это талант, истинный талант! Посмотрите, как он говорит, как блестят его глаза! Il y quelque chose d'extraordinaire dans toute sa figure!»

Художнику было лестно слышать о себе такие слухи. Когда в журналах появлялась печатная хвала ему, он радовался, как ребенок, хотя эта хвала была куплена им за свои же деньги. Он разносил такой печатный лист везде и, будто бы ненарочно, показывал его знакомым и приятелям, и это его тешило до самой простодушной наивности.

Raphaël lui-même n'est pas toujours excellent, et seule une tradition bien enracinée assure la célébrité à bon nombre de ses tableaux ; Michel-Ange est entièrement dénué de grâce, ce fanfaron ne songe qu'à faire parade de sa science de l'anatomie ; l'éclat, la puissance du pinceau et du coloris sont l'apanage exclusif de notre siècle. » Par une transition bien naturelle, Tchartkov arrivait alors à lui-même.

« Non, disait-il, je ne comprends pas ceux qui peinent et pâlissent sur leur travail. Quiconque traîne des mois sur une toile n'est qu'un artisan ; je ne croirai jamais qu'il a du talent ; le génie crée avec audace et rapidité. Tenez, moi, par exemple, j'ai peint ce portrait en deux jours, cette tête en un seul, ceci en quelques heures, cela en une heure au plus… Non, voyez-vous, je n'appelle pas art ce qui se fabrique au compte-gouttes ; c'est du métier, si vous voulez, mais de l'art, non pas ! »

Tels étaient les propos qu'il tenait à ses visiteurs ; ceux-ci à leur tour admiraient la hardiesse, la puissance de son pinceau ; cette rapidité d'exécution leur arrachait même des exclamations de surprise et ils se confiaient ensuite l'un à l'autre.

« C'est un homme de talent, de grand talent ! Écoutez-le parler, voyez comme ses yeux brillent. Il y a quelque chose d'extraordinaire dans toute sa figure ! »

L'écho de ces louanges flattait Tchartkov. Quand les feuilles publiques le complimentaient, il se réjouissait comme un enfant, encore qu'il eût payé de sa poche ces beaux éloges. Il prenait une joie naïve à ces articles, les colportait partout, les montrait comme par hasard à ses amis et connaissances.

Слава его росла, работы и заказы увеличивались. Уже стали ему надоедать одни и те же портреты и лица, которых положение и обороты сделались ему заученными. Уже без большой охоты он писал их, стараясь набросать только кое-как одну голову, а остальное давал доканчивать ученикам. Прежде он все-таки искал дать какое-нибудь новое положение, поразить силою, эффектом. Теперь и это становилось ему скучно. Ум уставал придумывать и обдумывать. Это было ему невмочь, да и некогда: рассеянная жизнь и общество, где он старался сыграть роль светского человека, — все это уносило его далеко от труда и мыслей. Кисть его хладела и тупела, и он нечувствительно заключился в однообразные, определенные, давно изношенные формы. Однообразные, холодные, вечно прибранные и, так сказать, застегнутые лица чиновников, военных и штатских не много представляли поля для кисти: она позабывала и великолепные драпировки, и сильные движения, и страсти. О группах, о художественной драме, о высокой ее завязке нечего было и говорить.

Пред ним были только мундир, да корсет, да фрак, пред которыми чувствует холод художник и падает всякое воображение. Даже достоинств самых обыкновенных уже не было видно в его произведениях, а между тем они все еще пользовались славою, хотя истинные знатоки и художники только пожимали плечами, глядя на последние его работы. А некоторые, знавшие Чарткова прежде, не могли понять, как мог исчезнуть в нем талант, которого признаки оказались уже ярко в нем при самом начале, и напрасно старались разгадать, какие образом может угаснуть дарованье в человеке, тогда как он только что достигнул еще полного развития всех сил своих.

Sa vogue grandissait, les commandes affluaient. Cependant ces portraits, ces personnages dont il connaissait par cœur les attitudes et les mouvements, commençaient à lui peser. Il les peignait sans grand plaisir, se bornant à esquisser tant bien que mal la tête et laissant ses élèves achever le reste. Au début il avait encore inventé des effets hardis, des poses originales ; maintenant cette recherche même lui semblait fastidieuse. Réfléchir, imaginer étaient pour son esprit de trop pénibles efforts, auxquels il n'avait d'ailleurs pas le temps de se livrer : son existence dissipée, le rôle d'homme du monde qu'il s'efforçait de jouer, tout cela l'emportait loin du travail et de la réflexion. Son pinceau perdait son brio, sa chaleur, se cantonnait placidement dans les poncifs les plus désuets. Les visages froids, monotones, toujours fermés, toujours boutonnés si l'on peut dire, des fonctionnaires, tant civils que militaires, ne lui offraient point un champ bien vaste : il en oubliait les somptueuses draperies, les gestes hardis, les passions. Il ne pouvait être question de grouper des personnages, de nouer quelque noble action dramatique.

Tchartkov n'avait devant lui que des uniformes, des corsets, des habits noirs, tous objets bien propres à glacer l'artiste et à tuer l'inspiration. Aussi ses ouvrages étaient-ils maintenant dépourvus des qualités les plus ordinaires ; ils jouissaient toujours de la vogue, mais les vrais connaisseurs haussaient les épaules en les regardant. Certains d'entre eux, qui avaient connu Tchartkov autrefois, n'arrivaient pas à comprendre comment, à peine parvenu à son plein épanouissement, ce garçon bien doué avait soudain perdu un talent dont il avait donné dès ses débuts des preuves si manifestes.

Но этих толков не слышал упоенный художник. Уже он начинал достигать поры степенности ума и лет; стал толстеть и видимо раздаваться в ширину. Уже в газетах и журналах читал он прилагательные: «почтенный наш Андрей Петрович», «заслуженный наш Андрей Петрович». Уже стали ему предлагать по службе почетные места, приглашать на экзамены, в комитеты. Уже он начинал, как всегда случается в почетные лета, брать сильно сторону Рафаэля и старинных художников, — не потому, что убедился вполне в их высоком достоинстве, но потому, чтобы колоть ими в глаза молодых художников. Уже он начинал, по обычаю всех, вступающих в такие лета, укорять без изъятья молодежь в безнравственности и дурном направлении духа. Уже начинал он верить, что все на свете делается просто, вдохновенья свыше нет и все необходимо должно быть подвергнуто под один строгий порядок аккуратности и однообразья. Одним словом, жизнь его уже коснулась тех лет, когда все, дышащее порывом, сжимается в человеке, когда могущественный смычок слабее доходит до души и не обвивается пронзительными звуками около сердца, когда прикосновенье красоты уже не превращает девственных сил в огонь и пламя, но все отгоревшие чувства становятся доступнее к звуку золота, вслушиваются внимательней в его заманчивую музыку и мало-помалу нечувствительно позволяют ей совершенно усыпить себя. Слава не может дать наслажденья тому, кто украл ее, а не заслужил; она производит постоянный трепет только в достойном ее. И потому все чувства и порывы его обратились к золоту. Золото сделалось его страстью, идеалом, страхом, наслажденьем, целью.

Le peintre enivré ignorait ces critiques. Il avait acquis la gravité de l'âge et de l'esprit ; il engraissait, s'épanouissait en largeur. Journaux et revues l'appelaient déjà « notre éminent André Pétrovitch » ; on lui offrait des postes honorifiques ; on le nommait membre de jurys, de comités divers. Comme il est de règle à cet âge respectable, il prenait maintenant le parti de Raphaël et des vieux maîtres, non point qu'il se fût pleinement convaincu de leur valeur, mais pour s'en faire une arme contre ses jeunes confrères. Car, toujours comme de règle à cet âge, il reprochait à la jeunesse son immoralité, son mauvais esprit. Il commençait à croire que tout en ce bas monde s'accomplit aisément, à condition d'être rigoureusement soumis à la discipline de l'ordre et de l'uniformité ; l'inspiration n'est qu'un vain mot. Bref, il atteignait le moment où l'homme sent mourir en lui tout élan, où l'archet inspiré n'exhale plus autour de son cœur que des sons languissants. Alors le contact de la beauté n'enflamme plus les forces vierges de son être. En revanche les sens émoussés deviennent plus attentifs au tintement de l'or, se laissent insensiblement endormir par sa musique fascinatrice. La gloire ne peut apporter de joie à qui l'a volée : elle ne fait palpiter que les cœurs dignes d'elle. Aussi tous ses sens, tous ses instincts s'orientèrent-ils vers l'or. L'or devient sa passion, son idéal, sa terreur, sa volupté, son but.

Пуки ассигнаций росли в сундуках, и как всякий, кому достается в удел этот страшный дар, он начал становиться скучным, недоступным ко всему, кроме золота, беспричинным скрягой, беспутным собирателем и уже готов был обратиться в одно из тех странных существ, которых много попадается в нашем бесчувственном свете, на которых с ужасом глядит исполненный жизни и сердца человек, которому кажутся они движущимися каменными гробами с мертвецом внутри наместо сердца. Но одно событие сильно потрясло и разбудило весь его жизненный состав.

В один день увидел он на столе своем записку, в которой Академия художеств просила его, как достойного ее члена, приехать дать суждение свое о новом, присланном из Италии, произведении усовершенствовавшегося там русского художника. Этот художник был один из прежних его товарищей, который от ранних лет носил в себе страсть к искусству, с пламенной душой труженика погрузился в него всей душою своей, оторвался от друзей, от родных, от милых привычек и помчался туда, где в виду прекрасных небес спеет величавый рассадник искусств, — в тот чудный Рим, при имени которого так полно и сильно бьется пламенное сердце художника. Там, как отшельник, погрузился он в труд и в не развлекаемые ничем занятия. Ему не было до того дела, толковали ли о его характере, о его неумении обращаться с людьми, о несоблюдении светских приличий, о унижении, которое он причинял званию художника своим скудным, нещегольским нарядом. Ему не было нужды, сердилась ли или нет на него его братья. Всем пренебрегал он, все отдал искусству.

Les billets s'amoncelaient dans ses coffres, et comme tous ceux à qui est départi cet effroyable lot, il devint triste, inaccessible, indifférent à tout ce qui n'était pas l'or, lésinant sans besoin, amassant sans méthode. Il allait bientôt se muer en l'un de ces êtres étranges, si nombreux dans notre univers insensible, que l'homme doué de cœur et de vie considère avec épouvante : ils lui semblent des tombeaux mouvants qui portent un cadavre en eux, un cadavre en place de cœur. Un événement imprévu devait cependant ébranler son inertie, réveiller toutes ses forces vives.

Un beau jour il trouva un billet sur sa table : l'Académie des Beaux-Arts le priait, en tant qu'un de ses membres les plus en vue, de venir donner son opinion sur une œuvre envoyée d'Italie par un peintre russe qui s'y perfectionnait dans son art. Ce peintre était un de ses anciens camarades : passionné depuis l'enfance pour la peinture, il s'y était consacré de toute son âme ardente ; abandonnant ses amis, sa famille, ses chères habitudes, il s'était précipité vers le pays où sous un ciel sans nuages mûrit la grandiose pépinière de l'art, cette superbe Rome dont le nom seul fait battre si violemment le grand cœur de l'artiste. Il y vécut en ermite, plongé dans un labeur sans trêve et sans merci. Peu lui importait que l'on critiquât son caractère, ses maladresses, son manque d'usage et que la modestie de son costume fît rougir ses confrères : il se souciait fort peu de leur opinion. Voué corps et âme à l'art, il méprisait tout le reste.

Неутомимо посещал галереи, по целым часам застаивался перед произведениями великих мастеров, ловя и преследуя чудную кисть. Ничего он не оканчивал без того, чтобы не поверить себя несколько раз с сими великими учителями и чтобы не прочесть в их созданьях безмолвного и красноречивого себе совета. Он не входил в шумные беседы и споры; он не стоял ни за пуристов, ни против пуристов. Он равно всему отдавал должную ему часть, извлекая изо всего только то, что было в нем прекрасно, и наконец оставил себе в учители одного божественного Рафаэля. Подобно как великий поэт-художник, перечитавший много всяких творений, исполненных многих прелестей и величавых красот, оставлял наконец себе настольною книгой одну только «Илиаду» Гомера, открыв, что в ней все есть, чего хочешь, и что нет ничего, что бы не отразилось уже здесь в таком глубоком и великом совершенстве. И зато вынес он из своей школы величавую идею созданья, могучую красоту мысли, высокую прелесть небесной кисти.

Вошедши в залу, Чартков нашел уже целую огромную толпу посетителей, собравшихся перед картиною. Глубочайшее безмолвие, какое редко бывает между многолюдными ценителями, на этот раз царствовало всюду. Он поспешил принять значительную физиономию знатока и приблизился к картине; но, боже, что он увидел!

Чистое, непорочное, прекрасное, как невеста, стояло пред ним произведение художника. Скромно, божественно, невинно и просто, как гений, возносилось оно над всем. Казалось, небесные фигуры, изумленные столькими устремленными на них взорами, стыдливо опустили прекрасные ресницы.

Visiteur inlassable des musées, il passait des heures entières devant les œuvres des grands peintres, acharné à poursuivre le secret de leur pinceau. Il ne terminait rien sans s'être confié à ces maîtres, sans avoir tiré de leurs ouvrages un conseil éloquent encore que muet. Il se tenait à l'écart des discussions orageuses et ne prenait parti ni pour ni contre les puristes. Comme il ne s'attachait qu'aux qualités, il savait rendre justice à chacun, mais finalement il ne garda qu'un seul maître, le divin Raphaël – tel ce grand poète qui après avoir lu bien des ouvrages exquis ou grandioses, choisit comme livre de chevet la seule Iliade, pour avoir découvert qu'elle renferme tout ce qu'on peut désirer, que tout s'y trouve évoqué avec la plus sublime perfection.

Quand Tchartkov arriva à l'Académie, il trouva réunis devant le tableau une foule de curieux qui observaient un silence pénétré, fort insolite en pareille occurrence. Il s'empressa de prendre une mine grave de connaisseur et s'approcha de la toile. Dieu du ciel, quelle surprise l'attendait !

L'œuvre du peintre s'offrait à lui avec l'adorable pureté d'une fiancée. Innocente et divine comme le génie, elle planait au-dessus de tout. On eût dit que, surprises par tant de regards fixés sur elles, ces figures célestes baissaient modestement leurs paupières.

С чувством невольного изумления созерцали знатоки новую, невиданную кисть. Все тут, казалось, соединилось вместе: изученье Рафаэля, отраженное в высоком благородстве положений, изучение Корреджия, дышавшее в окончательном совершенстве кисти. Но властительней всего видна была сила созданья, уже заключенная в душе самого художника. Последний предмет в картине был им проникнут; во всем постигнут закон и внутренняя сила. Везде уловлена была эта плывучая округлость линий, заключенная в природе, которую видит только один глаз художника-создателя и которая выходит углами у копииста. Видно было, как все извлеченное из внешнего мира художник заключил сперва себе в душу и уже оттуда, из душевного родника, устремил его одной согласной, торжественной песнью. И стало ясно даже непосвященным, какая неизмеримая пропасть существует между созданьем и простой копией с природы. Почти невозможно было выразить той необыкновенной тишины, которою невольно были объяты все, впервившие глаза на картину, — ни шелеста, ни звука; а картина между тем ежеминутно казалась выше и выше; светлей и чудесней отделялась от всего и вся превратилась наконец в один миг, плод налетевшей с небес на художника мысли, миг, к которому вся жизнь человеческая есть одно только приготовление. Невольные слезы готовы были покатиться по лицам посетителей, окруживших картину. Казалось, все вкусы, все дерзкие, неправильные уклонения вкуса слились в какой-то безмолвный гимн божественному произведению.

L'étonnement béat des connaisseurs devant ce chef-d'œuvre d'un inconnu était pleinement justifié. Toutes les qualités semblaient ici réunies : si la noblesse hautaine des poses révélait l'étude approfondie de Raphaël et la perfection du pinceau, celle du Corrège, la puissance créatrice appartenait en propre à l'artiste et dominait le reste. Il avait approfondi le moindre détail, pénétré le sens secret, la norme et la règle de toutes choses, saisi partout l'harmonieuse fluidité de lignes qu'offre la nature et que seul aperçoit l'œil du peintre créateur, alors que le copiste la traduit en contours anguleux. On devinait que l'artiste avait tout d'abord enfermé en son âme ce qu'il tirait du monde ambiant, pour le faire ensuite jaillir de cette source intérieure en un seul chant harmonieux et solennel. Les profanes eux-mêmes devaient reconnaître qu'un abîme incommensurable sépare l'œuvre créatrice de la copie servile. Figés dans un silence impressionnant, que n'interrompait nul bruit, nul murmure, les spectateurs sentaient sous leurs yeux émerveillés l'œuvre devenir d'instant en instant plus hautaine, plus lumineuse, plus distante, jusqu'à sembler bientôt un simple éclair, fruit d'une inspiration d'en haut et que toute une vie humaine ne sert qu'à préparer. Tous les yeux étaient gros de larmes. Les goûts les plus divers aussi bien que les écarts les plus insolents du goût semblaient s'unir pour adresser un hymne muet à cet ouvrage divin.

Неподвижно, с отверстым ртом стоял Чартков перед картиною, и наконец, когда мало-помалу посетители и знатоки зашумели и начали рассуждать о достоинстве произведения и когда наконец обратились к нему с просьбою объявить свои мысли, он пришел в себя; хотел принять равнодушный, обыкновенный вид, хотел сказать обыкновенное, пошлое суждение зачерствелых художников, вроде следующего: «Да, конечно, правда, нельзя отнять таланта от художника; есть кое-что; видно, что хотел он выразить что-то; однако же, что касается до главного...» И вслед за этим прибавить, разумеется, такие похвалы, от которых бы не поздоровилось никакому художнику. Хотел это сделать, но речь умерла на устах его, слезы и рыдания нестройно вырвались в ответ, и он как безумный выбежал из залы.

С минуту, неподвижный и бесчувственный, стоял он посреди своей великолепной мастерской. Весь состав, вся жизнь его была разбужена в одно мгновение, как будто молодость возвратилась к нему, как будто потухшие искры таланта вспыхнули снова. С очей его вдруг слетела повязка. Боже! и погубить так безжалостно лучшие годы своей юности; истребить, погасить искру огня, может быть, теплившегося в груди, может быть, развившегося бы теперь в величии и красоте, может быть, также исторгнувшего бы слезы изумления и благодарности! И погубить все это, погубить без всякой жалости!

Казалось, как будто в эту минуту разом и вдруг ожили в душе его те напряжения и порывы, которые некогда были ему знакомы. Он схватил кисть и приблизился к холсту. Пот усилия проступил на его лице;

Tchartkov demeurait, lui aussi, immobile et bouche bée. Au bout d'un long moment, curieux et connaisseurs osèrent enfin élever peu à peu la voix et discuter la valeur de l'œuvre ; comme ils lui demandaient son opinion, il retrouva enfin ses esprits. Il voulut prendre l'expression blasée qui lui était habituelle ; émettre un de ces jugements banals chers aux peintres à l'âme racornie : « Oui, évidemment, on ne peut nier le talent de ce peintre ; son tableau n'est pas sans mérite ; on voit qu'il a voulu exprimer quelque chose ; cependant l'essentiel… » ; puis décocher en guise de conclusion certains compliments qui laisseraient pantelant le meilleur des peintres. Mais des larmes, des sanglots lui coupèrent la voix et il s'enfuit comme un dément.

Il demeura quelque temps immobile, inerte au milieu de son magnifique atelier. Un instant avait suffi à réveiller tout son être ; sa jeunesse lui semblait rendue, les étincelles de son talent éteint prêtes à se rallumer. Le bandeau était tombé de ses yeux. Dieu ! perdre ainsi sans pitié ses meilleures années, détruire, éteindre ce feu qui couvait dans sa poitrine et qui, développé en tout son éclat, aurait peut-être lui aussi arraché des larmes de reconnaissance et d'émerveillement ! Et tuer tout cela, le tuer implacablement !…

Soudain et tous à la fois, les élans, les ardeurs, qu'il avait connus autrefois parurent renaître en son tréfonds. Il saisit son pinceau, s'approcha d'une toile. La sueur de l'effort perla à son front.

весь обратился он в одно желание и загорелся одною мыслию: ему хотелось изобразить отпадшего ангела. Эта идея была более всего согласна с состоянием его души. Но увы! фигуры его, позы, группы, мысли ложились принужденно и несвязно. Кисть его и воображение слишком уже заключились в одну мерку, и бессильный порыв преступить границы и оковы, им самим на себя наброшенные, уже отзывался неправильностию и ошибкою. Он пренебрег утомительную, длинную лестницу постепенных сведений и первых основных законов будущего великого. Досада его проникла. Он велел вынесть прочь из своей мастерской все последние произведенья, все безжизненные модные картинки, все портреты гусаров, дам и статских советников. Заперся один в своей комнате, не велел никого впускать и весь погрузился в работу. Как терпеливый юноша, как ученик, сидел он за своим трудом. Но как беспощадно-неблагодарно было все то, что выходило из-под его кисти! На каждом шагу он был останавливаем незнанием самых первоначальных стихий; простой, незначащий механизм охлаждал весь порыв и стоял неперескочимым порогом для воображения. Кисть невольно обращалась к затверженным формам, руки складывались на один заученный манер, голова не смела сделать необыкновенного поворота, даже самые складки платья отзывались вытверженным и не хотели повиноваться и драпироваться на незнакомом положении тела. И он чувствовал, он чувствовал и видел это сам!

«Но точно ли был у меня талант? — сказал он наконец, — не обманулся ли я?»

Une seule pensée l'animait, un seul désir l'enflammait : représenter l'ange déchu. Nul sujet n'eût mieux convenu à son état d'âme ; mais, hélas, ses personnages, ses poses, ses groupes, tout manquait d'aisance et d'harmonie. Trop longtemps son pinceau, son imagination s'étaient renfermés dans la banalité ; il avait trop dédaigné le chemin montueux des efforts progressifs, trop fait fi des lois primordiales de la grandeur future, pour que n'échouât point piteusement cette tentative de briser les chaînes qu'il s'était lui-même imposées. Exaspéré par cet insuccès, il fit emporter toutes ses œuvres récentes, les gravures de modes, les portraits de hussards, de dames, de conseillers d'État ; puis, après avoir donné ordre de n'y laisser entrer personne, il s'enferma dans son atelier et se replongea dans le travail. Mais il eut beau déployer le patient acharnement d'un jeune apprenti, tout ce qui naissait sous son pinceau était irrémédiablement manqué. À tout instant son ignorance des principes les plus élémentaires le paralysait ; le simple métier glaçait sa verve, opposait à son imagination une barrière infranchissable. Son pinceau revenait invariablement aux formes apprises, les mains se joignaient dans un geste familier, la tête se refusait à toute pose insolite, les plis des vêtements eux-mêmes ne voulaient point se draper sur des corps aux attitudes conventionnelles. Tout cela, Tchartkov ne le sentait, ne le voyait que trop.

« Ai-je jamais eu du talent ? finit-il par se dire. Ne me serais-je point trompé ? »

И, произнесши эти слова, он подошел к прежним своим произведениям, которые работались когда-то так чисто, так бескорыстно, там, в бедной лачужке на уединенном Васильевском острову, вдали людей, изобилия и всяких прихотей. Он подошел теперь к ним и стал внимательно рассматривать их все, и вместе с ними стала представать в его памяти вся прежняя бедная жизнь его. «Да, — проговорил он отчаянно, — у меня был талант. Везде, на всем видны его признаки и следы…»

Он остановился и вдруг затрясся всем телом: глаза его встретились с неподвижно вперившимися на него глазами. Это был тот необыкновенный портрет, который он купил на Щукином дворе. Все время он был закрыт, загроможден другими картинами и вовсе вышел у него из мыслей. Теперь же, как нарочно, когда были вынесены все модные портреты и картины, наполнявшие мастерскую, он выглянул наверх вместе с прежними произведениями его молодости. Как вспомнил он всю странную его историю, как вспомнил, что некоторым образом он, этот странный портрет, был причиной его превращенья, что денежный клад, полученный им таким чудесным образом, родил в нем все суетные побужденья, погубившие его талант, — почти бешенство готово было ворваться к нему в душу. Он в ту ж минуту велел вынести прочь ненавистный портрет. Но душевное волненье оттого не умирилось: все чувства и весь состав были потрясены до дна, и он узнал ту ужасную муку, которая, как поразительное исключение, является иногда в природе, когда талант слабый силится выказаться в превышающем его размере и не может выказаться; ту муку, которая в юноше рождает великое, но в перешедшем за грань мечтаний обращается в бесплодную жажду; ту страшную муку, которая делает человека способным на ужасные злодеяния.

Voulant en avoir le cœur net, il alla droit à ses premiers ouvrages, ces tableaux qu'il avait peints avec tant d'amour et de désintéressement là-bas dans son misérable taudis de l'île Basile, loin des hommes, loin du luxe, loin de tout raffinement. Tandis qu'il les étudiait attentivement, sa pauvre vie d'autrefois ressuscitait devant lui. « Oui, décida-t-il avec désespoir, j'ai eu du talent ; on en voit partout les preuves et les traces ! »

Il s'arrêta soudain, tremblant de tout le corps : ses yeux venaient de croiser un regard immobile fixé sur lui. C'était le portrait extraordinaire, jadis acheté au Marché Chtchoukine et dont Tchartkov avait entre-temps perdu jusqu'au souvenir, enfoui qu'il était derrière d'autres toiles. Comme par un fait exprès, maintenant qu'on avait débarrassé l'atelier de tous les tableaux à la mode qui l'encombraient, le fatal portrait réapparaissait en même temps que ses ouvrages de jeunesse. Cette vieille histoire lui revint à la mémoire, et quand il se rappela que cette étrange effigie avait en quelque sorte causé sa transformation, que le trésor si miraculeusement reçu avait fait naître en lui ces vaines convoitises funestes à son talent, il céda à un transport de rage. Il eut beau faire aussitôt emporter l'odieuse peinture, son trouble ne s'apaisa point pour autant. Son être était bouleversé de fond en comble, et il connut cette affreuse torture qui ronge parfois les talents médiocres quand ils essaient vainement de dépasser leurs limites. Pareil tourment peut inspirer de grandes œuvres à la jeunesse, mais hélas ! pour quiconque a passé l'âge des rêves, il n'est qu'une soif stérile et peut mener l'homme au crime.

Им овладела ужасная зависть, зависть до бешенства. Желчь проступала у него на лице, когда он видел произведение, носившее печать таланта. Он скрежетал зубами и пожирал его взором василиска. В душе его возродилось самое адское намерение, какое когда-либо питал человек, и с бешеною силою бросился он приводить его в исполнение. Он начал скупать все лучшее, что только производило художество. Купивши картину дорогою ценою, осторожно приносил в свою комнату и с бешенством тигра на нее кидался, рвал, разрывал ее, изрезывал в куски и топтал ногами, сопровождая смехом наслажденья. Бесчисленные собранные им богатства доставляли ему все средства удовлетворять этому адскому желанию. Он развязал все свои золотые мешки и раскрыл сундуки. Никогда ни одно чудовище невежества не истребило столько прекрасных произведений, сколько истребил этот свирепый мститель. На всех аукционах, куда только показывался он, всякий заранее отчаивался в приобретении художественного создания. Казалось, как будто разгневанное небо нарочно послало в мир этот ужасный бич, желая отнять у него всю его гармонию. Эта ужасная страсть набросила какой-то страшный колорит на него: вечная желчь присутствовала на лице его. Хула на мир и отрицание изображалось само собой в чертах его. Казалось, в нем олицетворился тот страшный демон, которого идеально изобразил Пушкин. Кроме ядовитого слова и вечного порицанья, ничего не произносили его уста. Подобно какой-то гарпии, попадался он на улице, и все его даже знакомые, завидя его издали, старались увернуться и избегнуть такой встречи, говоря, что она достаточна отравить потом весь день.

L'envie, une envie furieuse, s'était emparée de Tchartkov. Dès qu'il voyait une œuvre marquée au sceau du talent, le fiel lui montait au visage, il grinçait des dents et la dévorait d'un œil de basilic. Le projet le plus satanique qu'homme ait jamais conçu germa en son âme, et bientôt il l'exécuta avec une ardeur effroyable. Il se mit à acheter tout ce que l'art produisait de plus achevé. Quand il avait payé très cher un tableau, il l'apportait précautionneusement chez lui et se jetait dessus comme un tigre pour le lacérer, le mettre en pièces, le piétiner en riant de plaisir. Les grandes richesses qu'il avait amassées lui permettaient de satisfaire son infernale manie. Il ouvrit tous ses coffres, éventra tous ses sacs d'or. Jamais aucun monstre d'ignorance n'avait détruit autant de merveilles que ce féroce vengeur. Dès qu'il apparaissait à une vente publique, chacun désespérait de pouvoir acquérir la moindre œuvre d'art. Le ciel en courroux semblait avoir envoyé ce terrible fléau à l'univers dans le dessein de lui enlever toute beauté. Cette monstrueuse passion se reflétait en traits atroces sur son visage toujours empreint de fiel et de malédiction. Il semblait incarner l'épouvantable démon imaginé par Pouchkine. Sa bouche ne proférait que des paroles empoisonnées, que d'éternels anathèmes. Il faisait aux passants l'effet d'une harpie : du plus loin qu'ils l'apercevaient ses amis eux-mêmes évitaient une rencontre qui, à les entendre, eût empoisonné toute leur journée.

К счастию мира и искусств, такая напряженная и насильственная жизнь не могла долго продолжаться: размер страстей был слишком неправилен и колоссален для слабых сил ее. Припадки бешенства и безумия начали оказываться чаще, и наконец все это обратилось в самую ужасную болезнь. Жестокая горячка, соединенная с самою быстрою чахоткою, овладела им так свирепо, что в три дня оставалась от него одна тень только. К этому присоединились все признаки безнадежного сумасшествия. Иногда несколько человек не могли удержать его. Ему начали чудиться давно забытые, живые глаза необыкновенного портрета, и тогда бешенство его было ужасно. Все люди, окружавшие его постель, казались ему ужасными портретами. Он двоился, четверился в его глазах; все стены казались увешаны портретами, вперившими в него свои неподвижные, живые глаза. Страшные портреты глядели с потолка, с полу, комната расширялась и продолжалась бесконечно, чтобы более вместить этих неподвижных глаз. Доктор, принявший на себя обязанность его пользовать и уже несколько наслышавшийся о странной его истории, старался всеми силами отыскать тайное отношение между грезившимися ему привидениями и происшествиями его жизни, но ничего не мог успеть. Больной ничего не понимал и не чувствовал, кроме своих терзаний, и издавал одни ужасные вопли и непонятные речи. Наконец жизнь его прервалась в последнем, уже безгласном, порыве страдания. Труп его был страшен. Ничего тоже не могли найти от огромных его богатств; но, увидевши изрезанные куски тех высоких произведений искусства, которых цена превышала миллионы, поняли ужасное их употребление. ❖

Fort heureusement pour l'art et pour le monde une existence si tendue ne pouvait se prolonger longtemps ; des passions maladives, exaspérées ont tôt fait de ruiner les faibles organismes. Les accès de rage devinrent de plus en plus fréquents. Bientôt une fièvre maligne se joignit à la phtisie galopante pour faire de lui une ombre en trois jours. Les symptômes d'une démence incurable vinrent s'ajouter à ces maux. Par moments, plusieurs personnes n'arrivaient pas à le tenir. Il croyait revoir les yeux depuis longtemps oubliés, les yeux vivants de l'extravagant portrait. Tous ceux qui entouraient son lit lui semblaient de terribles portraits. Chacun d'eux se dédoublait, se quadruplait à ses yeux, tous les murs se tapissaient de ces portraits qui le fixaient de leurs yeux immobiles et vivants ; du plafond au plancher ce n'étaient que regards effrayants, et, pour en contenir davantage, la pièce s'élargissait, se prolongeait à l'infini. Le médecin qui avait entrepris de le soigner et connaissait vaguement son étrange histoire, cherchait en vain quel lien secret ces hallucinations pouvaient avoir avec la vie de son malade. Mais le malheureux avait déjà perdu tout sentiment hormis celui de ses tortures et n'entrecoupait que de paroles décousues ses abominables lamentations. Enfin, dans un dernier accès, muet celui-là, sa vie se brisa, et il n'offrit plus qu'un cadavre épouvantable à voir. On ne découvrit rien de ses immenses richesses ; mais, quand on aperçut en lambeaux tant de superbes œuvres d'art dont la valeur dépassait plusieurs millions, on comprit quel monstrueux emploi il en avait fait. ■

Часть 2

Множество карет, дрожек и колясок стояло перед подъездом дома, в котором производилась аукционная продажа вещей одного из тех богатых любителей искусств, которые сладко продремали всю жизнь свою, погруженные в зефиры и амуры, которые невинно прослыли меценатами и простодушно издержали для этого миллионы, накопленные их основательными отцами, а часто даже собственными прежними трудами. Таких меценатов, как известно, теперь уже нет, и наш XIX век давно уже приобрел скучную физиономию банкира, наслаждающегося своими миллионами только в виде цифр, выставляемых на бумаге. Длинная зала была наполнена самою пестрою толпой посетителей, налетевших, как хищные птицы на неприбранное тело. Тут была целая флотилия русских купцов из Гостиного двора и даже толкучего рынка, в синих немецких сюртуках. Вид их и выраженье лиц были здесь как-то тверже, вольнее и не означались той приторной услужливостью, которая так видна в русском купце, когда он у себя в лавке перед покупщиком. Тут они вовсе не чинились,

Partie 2

Toute une file de voitures – landaus, calèches, drojkis – stationnait devant l'immeuble où l'on vendait aux enchères les collections d'un de ces riches amateurs qui somnolaient toute leur vie parmi les Zéphyrs et les Amours et qui, pour jouir du titre de mécènes, dépensaient ingénument les millions amassés par leurs ancêtres, voire par eux-mêmes au temps de leur jeunesse. Comme nul ne l'ignore, ces mécènes-là ne sont plus qu'un souvenir et notre XIXème siècle a depuis longtemps pris la fâcheuse figure d'un banquier, qui ne jouit de ses millions que sous forme de chiffres alignés sur le papier. La longue salle était pleine d'une foule bigarrée accourue en ce lieu comme un vol d'oiseaux de proie s'abat sur un cadavre abandonné. Il y avait là toute une flottille de boutiquiers en redingote bleue à l'allemande, échappés tant du Bazar que du carreau des fripiers. Leur expression, plus assurée qu'à l'ordinaire, n'affectait plus cet empressement mielleux qui se lit sur le visage de tout marchand russe à son comptoir. Ici ils ne faisaient point de façons,

несмотря на то что в этой же зале находилось множество тех аристократов, перед которыми они в другом месте готовы были своими поклонами смести пыль, нанесенную своими же сапогами. Здесь они были совершенно развязны, щупали без церемонии книги и картины, желая узнать доброту товара, и смело перебивали цену, набавляемую графами-знатоками. Здесь были многие необходимые посетители аукционов, постановившие каждый день бывать в нем вместо завтрака; аристократы-знатоки, почитавшие обязанностью не упустить случая умножить свою коллекцию и не находившие другого занятия от 12 до 1 часа; наконец, те благородные господа, которых платья и кармены очень худы, которые являются ежедневно без всякой корыстолюбивой цели, но единственно, чтобы посмотреть, чем что кончится, кто будет давать больше, кто меньше, кто кого перебьет и за кем что останется. Множество картин было разбросано совершенно без всякого толку; с ними были перемешаны и мебели, и книги с вензелями прежнего владетеля, может быть, не имевшего вовсе похвального любопытства в них заглядывать. Китайские вазы, мраморные доски для столов, новые и старые мебели с выгнутыми линиями, с грифами, сфинксами и львиными лапами, вызолоченные и без позолоты, люстры, кенкеты — все было навалено, и вовсе не в таком порядке, как в магазинах. Все представляло какой-то хаос искусств. Вообще ощущаемое нами чувство при виде аукциона страшно: в нем все отзывается чем-то похожим на погребальную процессию. Зал, в котором он производится, всегда как-то мрачен; окна, загроможденные мебелями и картинами, скупо изливают свет, безмолвие, разлитое на лицах, и погребальный голос аукциониста, постукивающего молотком

bien qu'il se trouvât dans la salle bon nombre de ces aristocrates dont ils étaient prêts ailleurs à épousseter les bottes, à grands coups de chapeaux. Pour éprouver la qualité de la marchandise ils palpaient sans cérémonie les livres et les tableaux, et surenchérissaient hardiment sur les prix offerts par les nobles amateurs. Il y avait là des habitués assidus de ces ventes, à qui elles tiennent lieu de déjeuner ; d'aristocrates connaisseurs, qui, n'ayant rien de mieux à faire entre midi et une heure, ne laissent échapper aucune occasion d'enrichir leurs collections ; il y avait là, enfin, ces personnages désintéressés, dont la poche est aussi mal en point que l'habit et qui assistent tous les jours aux ventes à seule fin de voir le tour que prendront les choses, qui fera monter les enchères et qui finalement l'emportera. Bon nombre de tableaux gisaient pêle-mêle parmi les meubles et les livres marqués au chiffre de leur ancien possesseur, quoique celui-ci n'eût sans doute jamais eu la louable curiosité d'y jeter un coup d'œil. Les vases de Chine, les tables de marbre, les meubles neufs et anciens avec leurs lignes arquées, leurs griffes, leurs sphinx, leurs pattes de lions, les lustres dorés et sans dorures, les quinquets, tout cela, entassé pêle-mêle, formait comme un chaos d'œuvres d'art, bien différent de la stricte ordonnance des magasins. Toute vente publique inspire des pensées moroses ; on croit assister à des funérailles. La salle toujours obscure, car les fenêtres encombrées de meubles et de tableaux ne filtrent qu'une lumière parcimonieuse ; les visages taciturnes ; la voix mortuaire du commissaire-priseur célébrant, avec accompagnement de marteau,

и отпевающего панихиду бедным, так странно встретившимся здесь искусствам. Все это, кажется, усиливает еще более странную неприятность впечатленья.

Аукцион, казалось, был в самом разгаре. Целая толпа порядочных людей, сдвинувшись вместе, хлопотала о чем-то наперерыв. Со всех сторон раздававшиеся слова: «Рубль, рубль, рубль», — не давали времени аукционисту повторять надбавляемую цену, которая уже возросла вчетверо больше объявленной. Обступившая толпа хлопотала из-за портрета, который не мог не остановить всех, имевших сколько-нибудь понятия в живописи. Высокая кисть художника выказывалась в нем очевидно. Портрет, по-видимому, уже несколько раз был ресторирован и поновлен и представлял смуглые черты какого-то азиатца в широком платье, с необыкновенным, странным выраженьем в лица; но более всего обступившие были поражены необыкновенной живостью глаз. Чем более всматривались в них, тем более они, казалось, устремлялись каждому вовнутрь. Эта странность, этот необыкновенный фокус художника заняли вниманье почти всех. Много уже из состязавшихся о нем отступились, потому что цену набили неимоверную. Остались только два известные аристократа, любители живописи, не хотевшие ни за что отказаться от такого приобретенья. Они горячились и набили бы, вероятно, цену до невозможности, если бы вдруг один из тут же рассматривавших не произнес:

— Позвольте мне прекратить на время ваш спор. Я, может быть, более, нежели всякий другой, имею право на этот портрет.

le service funèbre des arts infortunés, si étrangement réunis en ce lieu ; tout renforce la lugubre impression.

La vente battait son plein. Une foule de gens de bon ton se bousculaient, s'agitaient à l'envi. « Un rouble, un rouble, un rouble ! » jetait-on de toutes parts, et ce cri unanime empêchait le commissaire-priseur de répéter l'enchère, qui atteignait déjà le quadruple du prix demandé. C'était un portrait que se disputaient ces bonnes gens, et l'œuvre était vraiment de nature à retenir l'attention du moins avisé des connaisseurs. Bien que plusieurs fois restaurée, elle révélait dès l'abord un talent de premier ordre. Elle représentait un Asiatique vêtu d'un ample caftan. Ce qui frappait le plus dans ce visage au teint basané, à l'expression énigmatique, c'était la surprenante vivacité de ses yeux : plus on les regardait, plus ils plongeaient au tréfonds de votre être. Cette singularité, cette adresse de pinceau, provoquait la curiosité générale. Les enchères montèrent bientôt si haut que la plupart des amateurs se retirèrent, ne laissant aux prises que deux grands personnages qui ne voulaient à aucun prix renoncer à cette acquisition. Ils s'échauffaient et allaient faire atteindre au tableau un prix invraisemblable quand l'un des assistants, en train de l'examiner, leur dit soudain :

« Permettez-moi d'interrompre un instant votre dispute. J'ai peut-être plus que personne droit à ce portrait. »

Слова эти вмиг обратили на него внимание всех. Это был стройный человек, лет тридцати пяти, с длинными черными кудрями. Приятное лицо, исполненное какой то светлой беззаботности, показывало душу, чуждую всех томящих светских потрясений; в наряде его не было никаких притязаний на моду: все показывало в нем артиста. Это был, точно, художник Б., знаемый лично многими из присутствовавших.

— Как ни странным вам покажутся слова мои, — продолжал он, видя устремившееся на себя всеобщее внимание, — но если вы решитесь выслушать небольшую историю, может быть, вы увидите, что я был вправе произнести их. Все меня уверяют, что портрет есть тот самый, которого я ищу.

Весьма естественное любопытство загорелось почти на лицах всех, и самый аукционист, разинув рот, остановился с поднятым в руке молотком, приготовляясь слушать. В начале рассказа многие обращались невольно глазами к портрету, но потом все вперились в одного рассказчика, по мере того как рассказ его становился занимательней.

— Вам известна та часть города, которую называют Коломною.- Так он начал. — Тут все непохоже на другие части Петербурга; тут не столица и не провинция; кажется, слышишь, перейдя в коломенские улицы, как оставляют тебя всякие молодые желанья и порывы. Сюда не заходит будущее, здесь все тишина и отставка, все, что осело от столичного движенья. Сюда переезжают на житье отставные чиновники, вдовы, небогатые люди, имеющие знакомство с сенатом и потому осудившие себя здесь почти на всю жизнь; выслужившиеся кухарки, толкающиеся целый день

L'attention générale se reporta sur l'interrupteur. C'était un homme d'environ trente-cinq ans, à la taille bien prise, aux longues boucles noires, et dont l'agréable physionomie, empreinte d'insouciance, révélait une âme étrangère aux vains soucis du monde. Son costume n'avait aucune prétention à la mode : tout dans sa tenue dénonçait un artiste. En effet, bon nombre des assistants reconnurent aussitôt en lui le peintre B***.

« Mes paroles vous semblent évidemment fort étranges, continua-t-il en voyant tous les regards tournés vers lui ; mais, si vous consentez à entendre une brève histoire, vous les trouverez peut-être justifiées. Tout me confirme que ce portrait est bien celui que je cherche. »

Une curiosité fort naturelle se peignit sur tous les visages ; le commissaire-priseur lui-même s'arrêta, bouche bée et marteau levé, et tendit l'oreille. Au début du récit, plusieurs des auditeurs se tournaient involontairement vers le portrait, mais bientôt, l'intérêt croissant, les yeux ne quittèrent plus le conteur.

« Vous connaissez, commença celui-ci, le quartier de Kolomna. Il ne ressemble à aucun des autres quartiers de Pétersbourg. Ce n'est ni la capitale ni la province. Dès qu'on y pénètre, tout désir, toute ardeur juvénile, vous abandonne. L'avenir ne pénètre point en ce lieu ; tout y est silence et retraite. C'est le refuge des « laissés-pour-compte » de la grande ville : fonctionnaires retraités, veuves, petites gens qui, entretenant d'agréables relations avec le Sénat, se condamnent à vivoter presque éternellement en ce lieu ; cuisinières en rupture de fourneaux, qui, après avoir, à longueur de journée,

на рынках, болтающие вздор с мужиком в мелочной лавочке и забирающие каждый день на пять копеек кофию да на четыре сахару, и, наконец, весь тот разряд людей, который можно назвать одним словом: пепельный, — людей, которые с своим платьем, лицом, волосами, глазами имеют какую-то мутную, пепельную наружность, как день, когда нет на небе ни бури, ни солнца, а бывает просто ни се ни то: сеется туман и отнимает всякую резкость у предметов. Сюда можно причислить отставных театральных капельдинеров, отставных титулярных советников, отставных питомцев Марса с выколотым глазом и раздутою губою. Эти люди вовсе бесстрастны: идут, ни на что не обращая глаз, молчат, ни о чем не думая. В комнате их не много добра; иногда просто штоф чистой русской водки, которую они однообразно сосут весь день без всякого сильного прилива в голове, возбуждаемого сильным приемом, какой обыкновенно любит задавать себе по воскресным дням молодой немецкий ремесленник, этот удалец Мещанской улицы, один владеющий всем тротуаром, когда время перешло за двенадцать часов ночи.

Жизнь к Коломне страх уединенна: редко покажется карета, кроме разве той, в которой ездят актеры, которая громом, звоном и бряканьем своим одна смущает всеобщую тишину. Тут всё пешеходы; извозчик весьма часто без седока плетется, таща сено для бородатой лошаденки своей. Квартиру можно сыскать за пять рублей в месяц, даже с кофием поутру. Вдовы, получающие пенсион, тут самые аристократические фамилии; они ведут себя хорошо, метут часто свою комнату, толкуют с приятельницами о дороговизне говядины и капусты;

musé dans tous les marchés et bavardé avec tous les garçons épiciers, rapportent chaque soir chez elles pour cinq kopeks de café et pour quatre de sucre ; enfin toute une catégorie d'individus qu'on peut qualifier de « cendreux », car leur costume, leur visage, leur chevelure, leurs yeux ont un aspect trouble et gris, comme ces journées incertaines, ni orageuses ni ensoleillées, où les contours des objets s'estompent dans la brume. À cette catégorie appartiennent les gagistes de théâtre à la retraite ; les conseillers titulaires dans le même cas ; les anciens disciples de Mars à l'œil crevé ou à la lèvre enflée. Ce sont là des êtres totalement apathiques, qui marchent sans jamais lever les yeux, ne soufflent jamais mot et ne pensent jamais à rien. Leur chambre n'est jamais encombrée ; parfois même elle ne recèle qu'un flacon d'eau-de-vie qu'ils sirotent tout doucement du matin au soir ; cette lente absorption leur épargne l'ivresse tapageuse que de trop brusques libations dominicales provoquent chez les apprentis allemands, ces étudiants de la rue Bourgeoise, rois incontestés du trottoir après minuit sonné.

» Quel quartier béni pour les piétons que ce Kolomna ! Il est bien rare qu'une voiture de maître s'y aventure ; seule la patache des comédiens trouble de son tintamarre le silence général. Quelques fiacres s'y traînent paresseusement, le plus souvent à vide ou chargés de foin à l'intention de la rosse barbue qui les tire. On peut y trouver un appartement pour cinq roubles par mois, y compris même le café du matin. Les veuves titulaires d'une pension constituent l'aristocratie du lieu : elles ont une conduite fort décente, balaient soigneusement leur chambre, déplorent avec leurs amies la cherté du bœuf et des choux ;

при них часто бывает молоденькая дочь, молчаливое, безгласное, иногда миловидное существо, гадкая собачонка и стенные часы с печально постукивающим маятником. Потом следуют актеры, которым жалованье не позволяет выехать из Коломны, народ свободный, как все артисты, живущие для наслажденья. Они, сидя в халатах, чинят пистолет, клеют из картона всякие вещицы, полезные для дома, играют с пришедшим приятелем в шашки и карты, и так проводят утро, делая почти то же ввечеру, с присоединеньем кое-когда пунша.

После сих тузов и аристократства Коломны следует необыкновенная дробь и мелочь. Их так же трудно поименовать, как исчислить то множество насекомых, которое зарождается в старом уксусе. Тут есть старухи, которые молятся; старухи, которые пьянствуют; старухи, которые и молятся и пьянствуют вместе; старухи, которые перебиваются непостижимыми средствами, как муравьи — таскают с собою старое тряпье и белье от Калинкина мосту до толкучего рынка, с тем чтобы продать его там за пятнадцать копеек; словом, часто самый несчастный осадок человечества, которому бы ни один благодетельный политический эконом не нашел средств улучшить состояние.

Я для того привел их, чтобы показать вам, как часто этот народ находится в необходимости искать одной только внезапной, временной помощи, прибегать к займам; и тогда поселяются между ними особого рода ростовщики, снабжающие небольшими суммами под заклады и за большие проценты. Эти небольшие ростовщики бывают в несколько раз бесчувственней всяких больших,

elles sont souvent pourvues d'une toute jeune fille, créature effacée, muette, mais parfois agréable à voir, d'un affreux toutou et d'une pendule dont le balancier va et vient avec mélancolie. Viennent ensuite les comédiens, que la modicité de leur traitement confine en cette thébaïde. Indépendants comme tous les artistes, ils savent jouir de la vie : drapés dans leur robe de chambre, ils réparent des pistolets, fabriquent toutes sortes d'objets en carton fort utiles dans les ménages, jouent aux cartes ou aux échecs avec l'ami qui vient les voir ; ils passent ainsi la matinée, et la soirée presque de même, sauf qu'ils ajoutent parfois un punch à ces agréables occupations.

» Après les gros bonnets, le menu fretin. Il est aussi difficile de l'énumérer que de dénombrer les innombrables insectes qui pullulent dans du vieux vinaigre. Il y a là des vieilles qui prient, des vieilles qui s'enivrent ; d'autres qui prient et s'enivrent à la fois ; des vieilles enfin qui joignent Dieu sait comment les deux bouts : on les voit traîner, comme des fourmis, d'infâmes guenilles du pont Kalinkine jusqu'au carreau des fripiers, où elles ont grand-peine à en tirer quinze kopeks. Bref, la lie de l'humanité grouille en ce quartier, une lie si marmiteuse que le plus charitable des économistes renoncerait à en améliorer la situation.

» Excusez-moi de m'être appesanti sur de pareilles gens : je voulais vous faire comprendre la nécessité où ils se trouvent bien souvent de chercher un secours subit et de recourir aux emprunts ; voilà pourquoi s'installent parmi eux des usuriers d'une espèce particulière, qui leur prêtent sur gages de petites sommes à gros intérêts. Ces usuriers-là sont encore bien plus insensibles que leurs grands confrères :

потому что возникают среди бедности и ярко выказываемых нищенских лохмотьев, которых не видит богатый ростовщик, имеющий дело только с приезжающими в каретах. И потому уже слишком рано умирает в душах их всякое чувство человечества. Между такими ростовщиками был один... но не мешает вам сказать, что происшествие, о котором я принялся рассказать, относится к прошедшему веку, именно к царствованию покойной государыни Екатерины Второй. Вы можете сами понять, что самый вид Коломны и жизнь внутри ее должны были значительно измениться. Итак, между ростовщиками был один существо во всех отношениях необыкновенное, поселившееся уже давно в сей части города. Он ходил в широком азиатском наряде; темная краска лица указывала на южное его происхождение, но какой именно был он нации: индеец, грек, персиянин, об этом никто не мог сказать наверно. Высокий, почти необыкновенный рост, смуглое, тощее, запаленное лицо и какой-то непостижимо страшный цвет его, большие, необыкновенного огня глаза, нависнувшие густые брови отличали его сильно и резко от всех пепельных жителей столицы. Самое жилище его не похоже было на прочие маленькие деревянные домики. Это было каменное строение, вроде тех, которых когда-то настроили вдоволь генуэзские купцы, — с неправильными, неравной величины окнами, с железными ставнями и засовами. Этот ростовщик отличался от других ростовщиков уже тем, что мог снабдить какою угодно суммою всех, начиная от нищей старухи до расточительного придворного вельможи. Пред домом его показывались часто самые блестящие экипажи, из окон которых иногда глядела голова роскошной светской дамы.

ils surgissent dans la pauvreté, parmi les haillons étalés au grand jour, spectacle qu'ignore l'usurier riche, dont les clients roulent carrosse ; aussi tout sentiment humain meurt-il prématurément dans leur cœur. Parmi ces usuriers il y en avait un…, mais il faut vous dire que les choses se passaient au siècle dernier, plus exactement sous le règne de la défunte impératrice Catherine. Vous comprendrez sans peine que depuis lors les us et coutumes de Kolomna et jusqu'à son aspect extérieur se soient sensiblement modifiés. Il y avait donc parmi ces usuriers un personnage en tout point énigmatique. Depuis longtemps installé dans ce quartier, il portait un ample costume asiatique et son teint basané révélait une origine méridionale. Mais à quelle nationalité appartenait-il au juste ? Était-il Hindou, Grec ou Persan ? Nul n'aurait su le dire. Sa taille quasi gigantesque, son visage hâve, noiraud, calciné, d'une couleur hideuse, indescriptible, ses grands yeux, animés d'un feu extraordinaire, ses sourcils touffus le distinguaient nettement des cendreux habitants du quartier. Son logis lui-même ne ressemblait guère aux maisonnettes de bois d'alentour : ce bâtiment de pierre aux fenêtres irrégulières, aux volets et aux verrous de fer, rappelait ceux qu'édifiaient jadis en quantité les négociants génois. Bien différent en ceci de ses confrères, mon usurier pouvait avancer n'importe quelle somme et satisfaire tout le monde depuis la vieille mendiante jusqu'au courtisan prodigue. De luxueux carrosses stationnaient souvent à sa porte et l'on distinguait parfois derrière leurs vitres la tête altière d'une grande dame.

Молва, по обыкновению, разнесла, что железные сундуки его полны без счету денег, драгоценностей, бриллиантов и всяких залогов, но что, однако же, он вовсе не имел той корысти, какая свойственна другим ростовщикам. Он давал деньги охотно, распределяя, казалось, весьма выгодно сроки платежей; но какими-то арифметическими странными выкладками заставлял их восходить до непомерных процентов. Так, по крайней мере, говорила молва. Но что страннее всего и что не могло не поразить многих — это была странная судьба всех тех, которые получали от него деньги: все они оканчивали жизнь несчастным образом. Было ли это просто людское мнение, нелепые суеверные толки или с умыслом распущенные слухи — это осталось неизвестно. Но несколько примеров, случившихся в непродолжительное время пред глазами всех, были живы и разительны.

Из среды тогдашнего аристократства скоро обратил на себя глаза юноша лучшей фамилии, отличившийся уже в молодых летах на государственном поприще, жаркий почитатель всего истинного, возвышенного, ревнитель всего, что породило искусство и ум человека, пророчивший в себе мецената. Скоро он был достойно отличен самой государыней, ввверившей ему значительное место, совершенно согласное с собственными его требованиями, место, где он мог много произвести для наук и вообще для добра. Молодой вельможа окружил себя художниками, поэтами, учеными. Ему хотелось всему дать работу, все поощрить. Он предпринял на собственный счет множество полезных изданий, надавал множество заказов, объявил поощрительные призы, издержал на это кучи денег и наконец расстроился.

La renommée répandait le bruit que ses coffres étaient pleins à craquer d'argent, de pierres précieuses, de diamants, des gages les plus divers, sans qu'il montrât pourtant la rapacité habituelle aux gens de son espèce. Il déliait volontiers les cordons de sa bourse, fixait des échéances que l'emprunteur jugeait fort avantageuses, mais faisait, par d'étranges opérations arithmétiques, monter les intérêts à des sommes fabuleuses. C'est du moins ce que prétendait la rumeur publique. Cependant – trait encore plus surprenant et qui ne manquait point de confondre beaucoup de monde – une fatale destinée attendait ceux qui avaient recours à ses bons offices : tous terminaient tragiquement leur vie. Étaient-ce là de superstitieux radotages ou des bruits répandus à dessein ? On ne le sut jamais au juste. Mais certains faits, survenus à peu d'intervalle au su et au vu de tout le monde, ne laissaient guère de place au doute.

» Parmi l'aristocratie de l'époque, un jeune homme de grande famille eut tôt fait d'attirer sur lui l'attention. En dépit de son âge tendre, il se distinguait au service de l'État, se montrait ardent zélateur du vrai et du bien, s'enflammait pour tous les ouvrages de l'art et de l'esprit, et promettait de devenir un véritable mécène. L'impératrice elle-même le distingua, lui confia un poste important, tout à fait conforme à ses aspirations, et qui lui permettait de se rendre fort utile à la science et en général au bien. Le jeune seigneur s'entoura d'artistes, de poètes, de savants : il brûlait d'encourager tout le monde. Il entreprit d'éditer à ses frais de nombreux ouvrages, fit beaucoup de commandes, fonda toutes sortes de prix.

Но, полный великодушного движенья, он не хотел отстать от своего дела, искал везде занять и наконец обратился к известному ростовщику. Сделавши значительный заем у него, этот человек в непродолжительное время изменился совершенно: стал гонителем, преследователем развивающегося ума и таланта. Во всех сочинениях стал видеть дурную сторону, толковал криво всякое слово. Тогда, на беду, случилась французская революция. Это послужило ему вдруг орудием для всех возможных гадостей. Он стал видеть во всем какое-то революционное направление, во всем ему чудились намеки. Он сделался подозрительным до такой степени, что начал наконец подозревать самого себя, стал сочинять ужасные, несправедливые доносы, наделал тьму несчастных. Само собой разумеется, что такие поступки не могли не достигнуть наконец престола. Великодушная государыня ужаснулась и, полная благородства души, украшающего венценосцев, произнесла слова, которые хотя не могли перейти к нам во всей точности, но глубокий смысл их впечатлелся в сердцах многих. Государыня заметила, что не под монархическим правлением угнетаются высокие, благородные движенья души, не там презираются и преследуются творенья ума, поэзии и художеств; что, напротив, одни монархи бывали их покровителями; что Шекспиры, Мольеры процветали под их великодушной защитой, между тем как Дант не мог найти угла в своей республиканской родине; что истинные гении возникают во время блеска и могущества государей и государств, а не во время безобразных политических явлений и терроризмов республиканских, которые доселе не подарили миру ни одного поэта;

Ces générosités compromirent sa fortune ; mais, dans sa noble ardeur, il ne voulut point pour autant abandonner son œuvre. Il chercha partout des fonds et finit par s'adresser au fameux usurier. À peine celui-ci lui eut-il avancé une somme considérable que notre homme se métamorphosa du tout au tout et devint bientôt le persécuteur des talents naissants. Il se mit à démasquer les défauts de chaque ouvrage, à en interpréter faussement la moindre phrase. Et comme, par malheur, la Révolution française éclata sur ces entrefaites, elle lui servit de prétexte à toutes les vilenies. Il voyait partout des tendances, des allusions subversives. Il devint soupçonneux, au point de se méfier de lui-même, d'ajouter foi aux plus odieuses dénonciations, de faire d'innombrables victimes. La nouvelle d'une telle conduite devait nécessairement parvenir jusqu'aux marches du trône. Notre magnanime impératrice fut saisie d'horreur. Cédant à cette noblesse d'âme qui pare si bien les têtes couronnées, elle prononça des paroles, dont le sens profond se grava en bien des cœurs, encore qu'elles n'aient pu nous atteindre dans toute leur précision. « Ce n'est point, fit-elle remarquer, sous les régimes monarchiques que se voient refrénés les généreux élans de l'âme ni méprisés les ouvrages de l'esprit, de la poésie, de l'art. Bien au contraire, seuls les monarques en ont été les protecteurs : les Shakespeare, les Molière se sont épanouis, grâce à leur appui bienveillant, tandis que Dante ne pouvait trouver dans sa patrie républicaine un coin où reposer sa tête. Les véritables génies se produisent au moment où les souverains et les États sont dans toute leur puissance, et non pas dans l'abomination des luttes intestines ni de la terreur républicaine, qui jusqu'à présent n'ont donné au monde aucun génie.

что нужно отличать поэтов-художников, ибо один только мир и прекрасную тишину низводят они в душу, а не волненье и ропот; что ученые, поэты и все производители искусств суть перлы и бриллианты в императорской короне: ими красуется и получает еще больший блеск эпоха великого государя. Словом, государыня, произнесшая сии слова, была в эту минуту божественно прекрасна. Я помню, что старики не могли об этом говорить без слез. В деле все приняли участие. К чести нашей народной гордости надобно заметить, что в русском сердце всегда обитает прекрасное чувство взять сторону угнетенного. Обманувший доверенность вельможа был наказан примерно и отставлен от места. Но наказание гораздо ужаснейшее читал он на лицах своих соотечественников. Это было решительное и всеобщее презрение. Нельзя рассказать, как страдала тщеславная душа; гордость, обманутое честолюбие, разрушившиеся надежды — все соединилось вместе, и в припадках страшного безумия и бешенства прервалась его жизнь.

Другой разительный пример произошел тоже в виду всех: из красавиц, которыми не бедна была тогда наша северная столица, одна одержала решительное первенство над всеми. Это было какое-то чудное слиянье нашей северной красоты с красотой полудня, бриллиант, какой попадается на свете редко. Отец мой признавался, что никогда он не видывал во всю жизнь свою ничего подобного. Все, казалось, в ней соединилось: богатство, ум и душевная прелесть. Искателей была толпа, и в числе их замечательнее всех был князь Р., благороднейший, лучший из всех молодых людей, прекраснейший и лицом, и рыцарскими, великодушными порывами,

Il faut récompenser les vrais poètes, car loin de fomenter le trouble et la révolte, ils font régner dans les âmes une paix souveraine. Les savants, les écrivains, les artistes sont les perles et les diamants de la couronne impériale ; le règne de tout grand monarque s'en pare et en tire un plus grand éclat. » Tandis qu'elle prononçait ces paroles, l'impératrice resplendissait, paraît-il, d'une beauté divine ; les vieillards ne pouvaient évoquer ce souvenir sans verser des larmes. Chacun prit l'affaire à cœur : soit dit à notre honneur, tout Russe se range volontiers du côté du faible. Le seigneur qui avait trompé la confiance placée en lui fut puni de façon exemplaire et destitué de sa charge ; le mépris absolu qu'il pouvait lire dans les yeux de ses compatriotes lui parut un châtiment bien plus terrible encore. Les souffrances de cette âme vaniteuse ne se peuvent exprimer : l'orgueil, l'ambition déçue, les espoirs brisés, tout s'unissait pour le torturer, et sa vie se termina dans d'effroyables accès de folie furieuse.

» Un second fait, de notoriété non moins générale, vint renforcer la sinistre rumeur. Parmi les nombreuses beautés dont s'enorgueillissait alors à bon droit notre capitale, il y en avait une devant qui pâlissaient toutes les autres. Prodige bien rare, la beauté du Nord s'unissait admirablement en elle à la beauté du Midi. Mon père avouait n'avoir plus jamais rencontré semblable merveille. Tout lui avait été donné en partage : la richesse, l'esprit, le charme moral. Parmi la foule de ses soupirants se faisait avantageusement remarquer le prince R***, le plus noble, le plus beau, le plus chevaleresque des jeunes gens,

высокий идеал романов и женщин, Грандиссон во всех отношениях. Князь Р. был влюблен страстно и безумно; такая же пламенная любовь была ему ответом. Но родственникам показалась партия неровною. Родовые вотчины князя уже давно ему не принадлежали, фамилия была в опале, и плохое положенье дел его было известно всем. Вдруг князь оставляет на время столицу, будто бы с тем, чтобы поправить свои дела, и спустя непродолжительное время является окруженный пышностью и блеском неимоверным. Блистательные балы и праздники делают его известным двору. Отец красавицы становится благосклонным, и в городе разыгрывается интереснейшая свадьба. Откуда произошла такая перемена и неслыханное богатство жениха, этого не мог, наверно, изъяснить никто; но поговаривали стороною, что он вошел в какие-то условия с непостижимым ростовщиком и сделал у него заем. Как бы то ни было, но свадьба заняла весь город. И жених и невеста были предметом общей зависти. Всем была известна их жаркая, постоянная любовь, долгие томленья, претерпенные с обеих сторон, высокие достоинства обоих. Пламенные женщины начертывали заранее то райское блаженство, которым будут наслаждаться молодые супруги. Но вышло все иначе. В один год произошла страшная перемена в муже. Ядом подозрительной ревности, нетерпимостью и неистощимыми капризами отравился дотоле благородный и прекрасный характер. Он стал тираном и мучителем жены своей и, чего бы никто не мог предвидеть, прибегнул к самым бесчеловечным поступкам, даже побоям. В один год никто не мог узнать той женщины, которая еще недавно блистала и влекла за собою толпы покорных поклонников.

le type accompli du héros de roman, un vrai Grandisson sous tous les rapports. Follement amoureux, le prince R*** se vit payé de retour ; mais les parents de la jeune fille jugèrent le parti insuffisant. Les domaines héréditaires du prince avaient depuis longtemps cessé de lui appartenir, sa famille était mal vue à la Cour ; nul n'ignorait le mauvais état de ses affaires. Soudain, après une courte absence motivée par le désir de rétablir sa fortune, le prince s'entoura d'un luxe, d'un faste inouïs. Des bals, des fêtes magnifiques le firent connaître en haut lieu. Le père de la belle jeune fille lui devint favorable et bientôt les noces furent célébrées avec un grand éclat. D'où provenait ce brusque revirement de fortune ? Personne n'en savait rien, mais on allait chuchotant que le fiancé avait conclu un pacte avec le mystérieux usurier et obtenu de lui un emprunt. Ce mariage occupa la ville entière, les deux fiancés furent l'objet de l'envie générale. Tout le monde connaissait la constance de leur amour, les obstacles qui s'étaient mis au travers, leurs mérites réciproques. Les femmes passionnées se représentaient d'avance les délices paradisiaques dont allaient jouir les jeunes époux. Mais il en alla tout autrement. En quelques mois le mari devint méconnaissable. La jalousie, l'intolérance, des caprices incessants empoisonnèrent son caractère jusqu'alors excellent. Il se fit le tyran, le bourreau de sa femme ; chose qu'on n'eût jamais attendue de lui, il recourut aux procédés les plus inhumains et même aux voies de fait. Au bout d'un an nul ne pouvait reconnaître la femme qui naguère brillait d'un si vif éclat et traînait après elle un cortège d'adorateurs soumis.

Наконец, не в силах будучи выносить долее тяжелой судьбы своей, она первая заговорила о разводе. Муж пришел в бешенство при одной мысли о том. В первом движенье неистовства ворвался он к ней в комнату с ножом и, без сомнения, заколол бы ее тут же, если бы его не схватили и не удержали. В порыве исступленья и отчаянья он обратил нож на себя — и в ужаснейших муках окончил жизнь.

Кроме сих двух примеров, совершившихся в глазах всего общества, рассказывали множество случившихся в низших классах, которые почти все имели ужасный конец. Там честный, трезвый человек делался пьяницей; там купеческий приказчик обворовал своего хозяина; там извозчик, возивший несколько лет честно, за грош зарезал седока.

Нельзя, чтобы такие происшествия, рассказываемые иногда не без прибавлений, не навели род какого-то невольного ужаса на скромных обитателей Коломны. Никто не сомневался о присутствии нечистой силы в этом человеке. Говорили, что он предлагал такие условия, от которых дыбом поднимались волоса и которых никогда потом не посмел несчастный передавать другому; что деньги его имеют прожигающее свойство, раскаляются сами собою и носят какие-то странные знаки... словом, много было всяких нелепых толков. И замечательно то, что все это коломенское население, весь этот мир бедных старух, мелких чиновников, мелких артистов и, словом, всей мелюзги, которую мы только поименовали, соглашались лучше терпеть и выносить последнюю крайность, нежели обратиться к страшному ростовщику; находили даже умерших от голода старух,

Bientôt, incapable de supporter plus longtemps son amère destinée, elle parla la première de divorce. Le mari aussitôt d'entrer en fureur, de se précipiter un couteau à la main dans l'appartement de la malheureuse ; si on ne l'avait retenu, il l'eût certainement égorgée. Alors, fou de rage, il tourna l'arme contre lui-même et termina sa vie en proie à d'horribles souffrances.

» Outre ces deux cas, dont toute la société avait été témoin, on en contait une foule d'autres, arrivés dans les classes inférieures et presque tous plus ou moins tragiques. Ici, un brave homme, fort sobre jusqu'alors, s'était soudain adonné à l'ivrognerie ; là un intègre commis de boutique s'était mis à voler son patron ; après avoir de longues années voituré le monde de fort honnête façon, un cocher de fiacre avait tué son client pour un liard.

» De pareils faits, plus ou moins amplifiés en passant de bouche en bouche, semaient évidemment la terreur parmi les paisibles habitants de Kolomna. À en croire la rumeur publique le sinistre usurier devait être possédé du démon : il posait à ses clients des conditions à faire se dresser les cheveux sur la tête ; les malheureux n'osaient les révéler à personne ; l'argent qu'il prêtait avait un pouvoir incendiaire, il s'enflammait tout seul, portait des signes cabalistiques. Bref les bruits les plus absurdes couraient sur le personnage. Et, chose digne de remarque, toute la population de Kolomna, tout cet univers de pauvres vieilles, de petits employés, de petits artistes, toute cette menuaille que j'ai fait rapidement passer sous vos yeux, aimait mieux supporter la plus grande gêne que recourir au terrible usurier ; on trouvait même des vieilles mortes de faim,

которые лучше соглашались умертвить свое тело, нежели погубить душу. Встречаясь с ним на улице, невольно чувствовали страх. Пешеход осторожно пятился и долго еще озирался после того назад, следя пропадавшую вдали его непомерную высокую фигуру. В одном уже образе было столько необыкновенного, что всякого заставало бы невольно приписать ему сверхъестественное существование. Эти сильные черты, врезанные так глубоко, как не случается у человека; этот горячий бронзовый цвет лица; эта непомерная гущина бровей, невыносимые, страшные глаза, даже самые широкие складки его азиатской одежды — все, казалось, как будто говорило, что пред страстями, двигавшимися в этом теле, были бледны все страсти других людей.

Отец мой всякий раз останавливался неподвижно, когда встречал его, и всякий раз не мог удержаться, чтобы не произнести: «Дьявол, совершенный дьявол!» Но надобно вас поскорее познакомить с моим отцом, который, между прочим, есть настоящий сюжет этой истории.

Отец мой был человек замечательный во многих отношениях. Это был художник, каких мало, одно из тех чуд, которых извергает из непочатого лона своего только одна Русь, художник-самоучка, отыскавший сам в душе своей, без учителей и школы, правила и законы, увлеченный только одною жаждою усовершенствованья и шедший, по причинам, может быть, неизвестным ему самому, одною только указанною из души дорогою; одно из тех самородных чуд, которых часто современники честят обидным словом «невежи»

qui s'étaient laissées périr plutôt que de risquer la damnation. Quiconque le rencontrait dans la rue éprouvait un effroi involontaire ; le piéton s'écartait prudemment, pour suivre ensuite longuement des yeux cette forme gigantesque qui disparaissait au loin. Son aspect hétéroclite aurait suffi à lui faire attribuer par chacun une existence surnaturelle. Ces traits forts, creusés plus profondément que sur tout autre visage, ce teint de bronze en fusion, ces sourcils démesurément touffus, ces yeux effrayants, ce regard insoutenable, les larges plis même de son costume asiatique, tout semblait dire que devant les passions qui bouillonnaient en ce corps celles des autres hommes devaient forcément pâlir.

» Chaque fois qu'il le rencontrait, mon père s'arrêtait net et ne pouvait se défendre de murmurer : « C'est le diable, le diable incarné ! » Mais il est grand temps de vous faire connaître mon père, le véritable héros de mon récit, soit dit entre parenthèses.

C'était un homme remarquable sous bien des rapports ; un artiste comme il y en a peu ; un de ces phénomènes comme seule la Russie en fait sortir de son sein encore vierge ; un autodidacte qui, animé par l'unique désir du perfectionnement, était parvenu, sans maître, en dehors de toute école, à trouver en lui-même ses règles et ses lois et suivait, pour des raisons peut-être insoupçonnées, la voie que lui traçait son cœur ; un de ces prodiges spontanés que leurs contemporains traitent souvent d'*ignorants*,

и которые не охлаждаются от охулений и собственных неудач, получают только новые рвенья и силы, и уже далеко в душе своей уходят от тех произведений, за которые получили титло невежи. Высоким внутренним инстинктом почуял он присутствие мысли в каждом предмете; постигнул сам собой истинное значение слова «историческая живопись»; постигнул, почему простую головку, простой портрет Рафаэля, Леонардо да Винчи, Тициана, Корреджио можно назвать историческою живописью и почему огромная картина исторического содержания все-таки будет tableau de genre, несмотря на все притязанья художника на историческую живопись. И внутреннее чувство, и собственное убеждение обратили кисть его к христианским предметам, высшей и последней ступени высокого. У него не было честолюбия или раздражительности, так неотлучной от характера многих художников. Это был твердый характер, честный, прямой человек, даже грубый, покрытый снаружи несколько черствой корою, не без некоторой гордости в душе, отзывавшийся о людях вместе и снисходительно и резко. «Что на них глядеть, — обыкновенно говорил он, — ведь я не для них работаю. Не в гостиную понесу я мои картины, их поставят в церковь. Кто поймет меня поблагодарит, не поймет — все-таки помолится богу. Светского человека нечего винить, что он не смыслит живописи; зато он смыслит в картах, знает толк в хорошем вине, в лошадях, — зачем знать больше барину? Еще, пожалуй, как попробует того да другого да пойдет умничать, тогда и житья от него не будет! Всякому свое, всякий пусть занимается своим. По мне, уж лучше тот человек, который говорит прямо, что он не знает толку, нежели тот, который корчит лицемера, говорит, будто бы знает то, чего не знает, и только гадит да портит».

mais qui jusque dans les échecs et les railleries savent puiser de nouvelles forces et s'élèvent rapidement au-dessus des œuvres qui leur avaient valu cette peu flatteuse épithète. Un noble instinct lui faisait sentir dans chaque objet la présence d'une pensée. Il découvrit tout seul le sens exact de cette expression : « la peinture d'histoire ». Il devina pourquoi on peut donner ce nom à un portrait, à une simple tête de Raphaël, de Léonard, du Titien ou du Corrège, tandis qu'une immense toile au sujet tiré de l'histoire, demeure cependant un tableau de genre, malgré toutes les prétentions du peintre à un art historique. Ses convictions, son sens intime orientèrent son pinceau vers les sujets religieux, ce degré suprême du sublime. Ni ambitieux, ni irritable, à l'encontre de beaucoup d'artistes, c'était un homme ferme, intègre, droit et même fruste, recouvert d'une carapace un peu rugueuse, non dénué d'une certaine fierté intérieure, et qui parlait de ses semblables avec un mélange d'indulgence et d'âpreté. « Je me soucie bien de ces gens-là ! avait-il coutume de dire. Ce n'est point pour eux que je travaille. Je ne porterai pas mes œuvres dans les salons. Qui me comprendra me remerciera ; qui ne me comprendra pas élèvera quand même son âme vers Dieu. On ne saurait reprocher à un homme du monde de ne pas se connaître en peinture : les cartes, les vins, les chevaux, n'ont pas de secret pour lui, cela suffit. Qu'il s'en aille goûter à ceci et à cela, il voudra faire le malin et l'on ne pourra plus vivre tranquille ! À chacun son métier. Je préfère l'homme qui avoue son ignorance à celui qui joue l'entendu et ne réussit qu'à tout gâter. »

Он работал за небольшую плату, то есть за плату, которая была нужна ему только для поддержанья семейства и для доставленья возможности трудиться. Кроме того, он ни в каком случае не отказывался помочь другому и протянуть руку помощи бедному художнику; веровал простой, благочестивой верою предков, и оттого, может быть, на изображенных им лицах являлось само собою то высокое выраженье, до которого не могли докопаться блестящие таланты. Наконец постоянством своего труда и неуклонностью начертанного себе пути он стал даже приобретать уважение со стороны тех, которые честили его невежей и доморощенным самоучкой. Ему давали беспрестанно заказы в церкви, и работа у него не переводилась. Одна из работ заняла его сильно. Не помню уже, в чем именно состоял сюжет ее, знаю только то — на картине нужно было поместить духа тьмы. Долго думал он над тем, какой дать ему образ; ему хотелось осуществить в лице его все тяжелое, гнетущее человека. При таких размышлениях иногда проносился в голове его образ таинственного ростовщика, и он думал невольно: «Вот бы с кого мне следовало написать дьявола». Судите же об его изумлении, когда один раз, работая в своей мастерской, услышал он стук в дверь, и вслед за тем прямо вошел и нему ужасный ростовщик. Он не мог не почувствовать какой-то внутренней дрожи, которая пробежала невольно по его телу.

— Ты художник? — сказал он без всяких церемоний моему отцу.

— Художник, — сказал отец в недоуменье, ожидая, что будет далее.

Il se contentait d'un gain minime, tout juste suffisant pour entretenir sa famille et poursuivre sa carrière. Toujours secourable au prochain, il obligeait volontiers ses confrères malheureux. En outre, il gardait la foi ardente et naïve de ses ancêtres ; voilà pourquoi sans doute apparaissait spontanément sur les visages qu'il peignait la sublime expression que cherchaient en vain les plus brillants talents. Par son labeur patient, par sa fermeté à suivre la route qu'il s'était tracée, il acquit enfin l'estime de ceux mêmes qui l'avaient traité d'ignorant et de rustre. On lui commandait sans cesse des tableaux d'église. L'un d'eux l'absorba particulièrement ; sur cette toile, dont le sujet exact m'échappe à l'heure actuelle, devait figurer l'Esprit de ténèbres. Désireux de personnifier en cet Esprit tout ce qui accable, oppresse l'humanité, mon père réfléchit longtemps à la forme qu'il lui donnerait. L'image du mystérieux usurier hanta plus d'une fois ses songeries. « Voilà, se disait-il, involontairement, celui que je devrais prendre pour modèle du diable ! » Jugez donc de sa stupéfaction quand, un jour qu'il travaillait dans son atelier, il entendit frapper à la porte et vit entrer l'effarant personnage. Il ne put retenir un frisson.

« – Tu es peintre ? demanda l'autre tout de go.

» – Je le suis, répondit mon père, curieux du tour que prendrait l'entretien.

— Хорошо. Нарисуй с меня портрет. Я, может быть, скоро умру, детей у меня нет; но я не хочу умереть совершенно, я хочу жить. Можешь ли ты нарисовать такой портрет, чтобы был совершенно как живой?

Отец мой подумал: «Чего лучше? — он сам просится в дьяволы ко мне на картину».

Дал слово. Они уговорились во времени и цене, и на другой же день, схвативши палитру и кисти, отец мой уже был у него. Высокий двор, собаки, железные двери и затворы, дугообразные окна, сундуки, покрытые странными коврами, и, наконец, сам необыкновенный хозяин, севший неподвижно перед ним, — все это произвело на него странное впечатление. Окна, как нарочно, были заставлены и загромождены снизу так, что давали свет только с одной верхушки. «Черт побери, как теперь хорошо осветилось его лицо!» сказал он про себя и принялся жадно писать, как бы опасаясь, чтобы как-нибудь не исчезло счастливое освещение. «Экая сила! — повторил он про себя. — Если я хотя вполовину изображу его так, как он есть теперь, он убьет всех моих святых и ангелов; они побледнеют пред ним. Какая дьявольская сила! он у меня просто выскочит из полотна, если только хоть немного буду верен натуре. Какие необыкновенные черты!» — повторял он беспрестанно, усугубляя рвенье, и уже видел сам, как стали переходить на полотно некоторые черты. Но чем более он приближался к ним, тем более чувствовал какое-то тягостное, тревожное чувство, непонятное себе самому. Однако же, несмотря на то, он положил себе преследовать с буквальною точностью всякую незаметную черту и выраженье. Прежде всего занялся он отделкою глаз.

» – Bon, fais mon portrait. Je mourrai peut-être bientôt et je n'ai point d'enfants. Mais je ne veux pas mourir entièrement, je veux vivre. Peux-tu peindre un portrait qui paraisse absolument vivant ? »

« Tout va pour le mieux, se dit mon père : il se propose lui-même pour faire le diable dans mon tableau ! »

» Ils convinrent de l'heure, du prix, et dès le lendemain, mon père, emportant sa palette et ses pinceaux, se rendit chez l'usurier. La cour aux grands murs, les chiens, les portes en fer et leurs verrous, les fenêtres cintrées, les coffres recouverts de curieux tapis, le maître du logis surtout, assis immobile devant lui, tout cela produisit sur mon père une forte impression. Masquées, encombrées comme à dessein, les fenêtres ne laissaient passer le jour que par en haut. « Diantre, se dit-il, son visage est bien éclairé en ce moment ! » Et il se mit à peindre rageusement comme s'il redoutait de voir disparaître cet heureux éclairage. « Quelle force diabolique ! se répétait mon père. Si j'arrive à la rendre, ne fût-ce qu'à moitié, tous mes saints, tous mes anges pâliront devant ce visage. Pourvu que je sois, au moins en partie, fidèle à la nature, il va tout simplement sortir de la toile. Quels traits extraordinaires ! » Il travaillait avec tant d'ardeur que déjà certains de ces traits se reproduisaient sur sa toile ; mais, à mesure qu'il les saisissait, un malaise indéfinissable s'emparait de son cœur. Malgré cela, il s'imposa de copier scrupuleusement jusqu'aux expressions quasi imperceptibles. Il s'occupa d'abord de parfaire les yeux.

В этих глазах столько было силы, что, казалось, нельзя бы и помыслить передать их точно, как были в натуре. Однако же во что бы то ни стало он решился доискаться в них последней мелкой черты и оттенка, постигнуть их тайну... Но как только начал он входить и углубляться в них кистью, в душе его возродилось такое странное отвращенье, такая непонятная тягость, что он должен был на несколько времени бросить кисть и потом приниматься вновь. Наконец уже не мог он более выносить, он чувствовал, что эти глаза вонзались ему в душу и производили в ней тревогу непостижимую. На другой, на третий день это было еще сильнее. Ему сделалось страшно. Он бросил кисть и сказал наотрез, что не может более писать с него. Надобно было видеть, как изменился при этих словах странный ростовщик. Он бросился к нему в ноги и молил кончить портрет, говоря, что от сего зависит судьба его и существование в мире, что уже он тронул своею кистью его живые черты, что если он передаст их верно, жизнь его сверхъестественною силою удержится в портрете, что он чрез то не умрет совершенно, что ему нужно присутствовать в мире. Отец мой почувствовал ужас от таких слов: они ему показались до того странны и страшны, что он бросил и кисти и палитру и бросился опрометью вон из комнаты.

Мысль о том тревожила его весь день и всю ночь, а поутру он получил от ростовщика портрет, который принесла ему какая-то женщина, единственное существо, бывшее у него в услугах, объявившая тут же, что хозяин не хочет портрета, не дает за него ничего и присылает назад. Ввечеру того же дни узнал он, что ростовщик умер и что собираются уже хоронить его по обрядам его религии.

Vouloir traduire le feu, l'éclat qui les animaient semblait une folle gageure. Il décida cependant d'en poursuivre les nuances les plus fugitives ; mais à peine commençait-il à pénétrer leur secret qu'une angoisse sans nom le contraignit à lâcher son pinceau. C'est en vain qu'il voulut plusieurs fois le reprendre : les yeux s'enfonçaient en son âme, y soulevaient un grand tumulte. Il dut abandonner la partie. Le lendemain, le surlendemain, l'atroce sensation se fit encore plus poignante. Finalement mon père épouvanté jeta son pinceau, déclara tout net qu'il en resterait là. Il aurait fallu voir à ces mots se transformer le terrible usurier. Il se jeta aux pieds de mon père et le supplia d'achever son portrait : son sort, son existence en dépendaient ; le peintre avait déjà saisi ses traits ; s'il les reproduisait exactement, sa vie allait être fixée à jamais sur la toile par une force surnaturelle ; grâce à cela il ne mourrait point entièrement ; il voulait coûte que coûte demeurer en ce monde... Cet effarant discours terrifia mon père ; abandonnant et pinceaux et palette, il se précipita comme un fou hors de la pièce, et toute la journée, toute la nuit, l'inquiétante aventure obséda son esprit.

» Le lendemain matin, une femme, le seul être que l'usurier eût à son service, lui apporta le portrait : son maître, déclara-t-elle, le refusait, n'en donnait pas un sou. Le soir de ce même jour, mon père apprit que son client était mort et qu'on se préparait à le porter en terre suivant les rites de sa religion.

Все это казалось ему неизъяснимо странно. А между тем с этого времени оказалась в характере его ощутительная перемена: он чувствовал неспокойное, тревожное состояние, которому сам не мог понять причины, и скоро произвел он такой поступок, которого бы никто не мог от него ожидать.

С некоторого времени труды одного из учеников его начали привлекать внимание небольшого круга знатоков и любителей. Отец мой всегда видел в нем талант и оказывал ему за то свое особенное расположение. Вдруг почувствовал он к нему зависть. Всеобщее участие и толки о нем сделались ему невыносимы. Наконец, к довершенью досады, узнает он, что ученику его предложили написать картину для вновь отстроенной богáтой церкви. Это его взорвало. «Нет, не дам же молокососу восторжествовать! — говорил он.- Рано, брат, вздумал стариков сажать в грязь! Еще, слава богу, есть у меня силы. Вот мы увидим, кто кого скорее посадит в грязь». И прямодушный, честный в душе человек употребил интриги и происки, которыми дотоле всегда гнушался; добился наконец того, что на картину объявлен был конкурс и другие художники могли войти также с своими работами. После чего заперся он в свою комнату и с жаром принялся за кисть. Казалось, все свои силы, всего себя хотел он сюда собрать. И точно, это вышло одно из лучших его произведений. Никто не сомневался, чтобы не за ним осталось первенство. Картины были представлены, и все прочие показались пред нею как ночь пред днем. Как вдруг один из присутствовавших членов, если не ошибаюсь, духовная особа, сделал замечание, поразившее всех.

Il chercha en vain le sens de ce bizarre événement. Cependant un grand changement se fit depuis lors dans son caractère : un grand désarroi, dont il ne parvenait pas à s'expliquer la cause, bouleversait tout son être ; et bientôt il accomplit un acte que personne n'aurait attendu de sa part.

» Depuis quelque temps l'attention d'un petit groupe de connaisseurs se portait sur les œuvres d'un de ses élèves, dont mon père avait dès le premier jour deviné le talent et qu'il prisait entre tous. Soudain l'envie s'insinua dans son cœur : les éloges qu'on décernait à ce jeune homme lui devinrent insupportables. Et quand il apprit qu'on avait commandé à son élève un tableau destiné à une riche église récemment édifiée, son dépit ne connut plus de bornes. « Non, disait-il, je ne laisserai pas triompher ce blanc-bec. Ah, ah, tu songes déjà à jeter les vieux par-dessus bord ; tu t'y prends trop tôt, mon garçon ! Dieu merci, je ne suis pas encore une mazette, et nous allons voir qui de nous deux fera baisser pavillon à l'autre ! » Et cet homme droit, ce cœur pur, cet ennemi de la brigue intrigua si bien que le tableau fut mis au concours. Alors il s'enferma dans sa chambre pour y travailler avec une farouche ardeur. Il semblait vouloir se mettre tout entier dans son œuvre, et il y réussit pleinement. Quand les concurrents exposèrent leurs toiles, toutes, auprès de la sienne, furent comme la nuit devant le jour. Nul ne doutait de lui voir remporter la palme. Mais soudain un membre du jury, un ecclésiastique, si j'ai bonne mémoire, fit une remarque qui surprit tout le monde.

« В картине художника, точно, есть много таланта, — сказал он, — но нет святости в лицах; есть даже, напротив того, что-то демонское в глазах, как будто бы рукою художника водило нечистое чувство».

Все взглянули и не могли не убедиться в истине сих слов. Отец мой бросился вперед к своей картине, как бы с тем, чтобы поверить самому такое обидное замечание, и с ужасом увидел, что он всем почти фигурам придал глаза ростовщика. Они так глядели демонски-сокрушительно, что он сам невольно вздрогнул. Картина была отвергнута, и он должен был, к неописанной своем досаде, услышать, что первенство осталось за его учеником. Невозможно было описать того бешенства, с которым он возвратился домой. Он чуть не прибил мать мою, разогнал детей, переломал кисти и мольберт, схватил со стены портрет ростовщика, потребовал ножа и велел разложить огонь в камине, намереваясь изрезать его в куски и сжечь. На этом движенье застал его вошедший в комнату приятель, живописец, как и он, весельчак, всегда довольный собой, не наносившийся никакими отдаленными желаньями, работавший весело все, что попадалось, и еще веселей того принимавшийся за обед и пирушку.

— Что ты делаешь, что собираешься жечь? — сказал он и подошел к портрету.- Помилуй, это одно из самых лучших твоих произведений. Это ростовщик, который недавно умер; да это совершеннейшая вещь. Ты ему просто попал не в бровь, а в самые глаза залез. Так в жизнь никогда не глядели глаза, как они глядят у тебя.

— А вот я посмотрю, как они будут глядеть в огне, — сказал отец, сделавши движенье швырнуть его в камин.

» – Ce tableau, dit-il, dénote à coup sûr un grand talent, mais les visages ne respirent aucune sainteté ; au contraire il y a dans les yeux je ne sais quoi de satanique ; on dirait qu'un vil sentiment a guidé la main du peintre.

» Tous les assistants s'étant tournés vers la toile, le bien-fondé de cette critique apparut évident à chacun. Mon père, qui la trouvait fort blessante, se précipita pour en vérifier la justesse et constata avec stupeur qu'il avait donné à presque toutes ses figures les yeux de l'usurier ; ces yeux luisaient d'un éclat si haineux, si diabolique qu'il en frissonna d'horreur. Son tableau fut refusé et il dut, à son inexprimable dépit, entendre décerner la palme à son élève. Je renonce à vous décrire dans quel état de fureur il rentra chez lui. Il faillit battre ma mère, chassa tous les enfants, brisa ses pinceaux, son chevalet, s'empara du portrait de l'usurier, réclama un couteau et fit allumer du feu afin de le couper en morceaux et de le livrer aux flammes. Un de ses confrères et amis le surprit dans ces lugubres préparatifs ; c'était un bon garçon, toujours content de lui, qui ne s'embarrassait point d'aspirations trop éthérées, s'attaquait gaiement à n'importe quelle besogne et plus gaiement encore à un bon dîner.

« – Qu'y a-t-il ? Que te prépares-tu à brûler ? dit-il en s'approchant du portrait. Miséricorde, mais c'est un de tes meilleurs tableaux ! Je reconnais l'usurier récemment défunt ; tu l'as vraiment saisi sur le vif et même mieux que sur le vif, car de son vivant, jamais ses yeux n'ont regardé de la sorte.

» – Eh bien, je vais voir quel regard ils auront dans le feu, dit mon père, prêt à jeter sa toile dans la cheminée.

— Остановись, ради бога! — сказал приятель, удержав его, — отдай его уж лучше мне, если он тебе до такой степени колет глаз.

Отец сначала упорствовал, наконец согласился, и весельчак, чрезвычайно довольный своим приобретением, утащил портрет с собою. По уходе его отец мой вдруг почувствовал себя спокойнее. Точно как будто бы вместе с портретом свалилась тяжесть с его души. Он сам изумился своему злобному чувству, своей зависти и явной перемене своего характера. Рассмотревши поступок свой, он опечалился душою и не без внутренней скорби произнес: «Нет, это бог наказал меня; картина моя поделом понесла посрамленье. Она была замышлена с тем, чтобы погубить брата. Демонское чувство зависти водило моею кистью, демонское чувство должно было и отразиться в ней.»

Он немедленно отправился искать бывшего ученика своего, обнял его крепко, просил у него прощенья и старался сколько мог загладить пред ним вину свою. Работы его вновь потекли по-прежнему безмятежно; но задумчивость стала показываться чаще на его лице. Он больше молился, чаще бывал молчалив и не выражался так резко о людях; самая грубая наружность его характера как-то умягчилась. Скоро одно обстоятельство еще более потрясло его.

Он уже давно не видался с товарищем своим, выпросившим у него портрет. Уже собирался было идти его проведать, как вдруг он сам вошел неожиданно в его комнату. После нескольких слов и вопросов с обеих сторон он сказал:

» – Arrête, pour l'amour de Dieu !... Donne-le-moi plutôt s'il t'offusque à ce point la vue. »

» Après s'être quelque temps entêté dans son dessein, mon père finit par céder ; et, tandis que, fort satisfait de l'acquisition, son jovial ami emportait la toile, il se sentit soudain plus calme : l'angoisse qui lui pesait sur la poitrine semblait avoir disparu avec le portrait. Il s'étonna fort de ses mauvais sentiments, de son envie, du changement manifeste de son caractère. Quand il eut examiné son acte, il en prit une profonde affliction. « C'est Dieu qui m'a puni, se dit-il avec tristesse. Mon tableau a subi un affront mérité. Je l'avais conçu dans le dessein d'humilier un frère. L'envie ayant guidé mon pinceau, ce sentiment infernal devait nécessairement apparaître sur la toile. »

» Il se mit en quête de son ancien élève, le serra bien fort dans ses bras, lui demanda pardon, chercha de toutes manières à réparer sa faute. Et bientôt il reprit paisiblement le cours de ses occupations. Cependant il semblait de plus en plus rêveur, taciturne, priait davantage, jugeait les gens avec moins d'âpreté ; la rude écorce de son caractère s'adoucissait. Un événement imprévu vint encore renforcer cet état d'esprit.

» Depuis un certain temps le camarade qui avait emporté le portrait ne lui donnait plus signe de vie ; mon père se disposait à l'aller voir quand l'autre entra soudain dans sa chambre et dit, après un bref échange de politesses :

— Ну, брат, недаром ты хотел сжечь портрет. Черт его побери, в нем есть что-то странное... Я ведьмам не верю, но, воля твоя: в нем сидит нечистая сила...

— Как? — сказал отец мой.

— А так, что с тех пор как повесил я к себе его в комнату, почувствовал тоску такую... точно как будто бы хотел кого-то зарезать. В жизнь мою я не знал, что такое бессонница, а теперь испытал не только бессонницу, но сны такие... я и сам не умею сказать, сны ли это или что другое: точно домовой тебя душит, и все мерещится проклятый старик. Одним словом, не могу рассказать тебе моего состояния. Подобного со мной никогда не бывало. Я бродил как шальной все эти дни: чувствовал какую-то боязнь, неприятное ожиданье чего-то. Чувствую, что не могу сказать никому веселого и искреннего слова; точно как будто возле меня сидит шпион какой-нибудь. И только с тех пор, как отдал портрет племяннику, который напросился на него, почувствовал, что с меня вдруг будто какой-то камень свалился с плеч: вдруг почувствовал себя веселым, как видишь. Ну, брат, состряпал ты черта!

Во время этого рассказа отец мой слушал его с неразвлекаемым вниманием и наконец спросил:

— И портрет теперь у твоего племянника?

— Куда у племянника! не выдержал, — сказал весельчак, — знать, душа самого ростовщика переселилась в него: он выскакивает из рам, расхаживает по комнате; и то, что рассказывает племянник, просто уму непонятно. Я бы принял его за сумасшедшего, если бы отчасти не испытал сам.

» – Eh bien, mon cher, tu n'avais pas tort de vouloir brûler le portrait. Nom d'un tonnerre, j'ai beau ne pas croire aux sorcières, ce tableau-là me fait peur ! Crois-moi si tu veux, le malin doit y avoir établi sa résidence !…

» – Vraiment ? fit mon père.

» – Sans aucun doute. À peine l'avais-je accroché dans mon atelier que j'ai sombré dans le noir : pour un peu j'aurais égorgé quelqu'un ! Moi qui avais toujours ignoré l'insomnie, non seulement je l'ai connue, mais j'ai eu de ces rêves !… Étaient-ce des rêves ou autre chose, je n'en sais trop rien : un esprit essayait de m'étrangler et je croyais tout le temps voir le maudit vieillard ! Bref, je ne puis te décrire mon état ; jamais rien de pareil ne m'était arrivé. J'ai erré comme un fou pendant plusieurs jours : j'éprouvais sans cesse je ne sais quelle terreur, quelle angoissante appréhension ; je ne pouvais dire à personne une parole joyeuse, sincère, je croyais toujours avoir un espion à mes côtés. Enfin lorsque sur sa demande j'eus cédé le portrait à mon neveu, j'ai senti comme une lourde pierre tomber de mes épaules. Et comme tu le vois, j'ai du même coup retrouvé ma gaieté. Eh bien, mon vieux, tu peux te vanter d'avoir fabriqué là un beau diable !

» – Et le portrait est toujours chez ton neveu ? demanda mon père qui l'avait écouté avec une attention soutenue.

» – Ah bien oui, chez mon neveu ! Il n'a pu y tenir ! répondit le joyeux compère. L'âme du bonhomme est passée dans le portrait, faut croire. Il sort du cadre, il se promène par la pièce ! Ce que raconte mon neveu est proprement inconcevable, et je l'aurais pris pour un fou si je n'avais pas éprouvé quelque chose de ce genre.

Он его продал какому-то собирателю картин, да и тот не вынес его и тоже кому-то сбыл с рук.

Этот рассказ произвел сильное впечатление на моего отца. Он задумался не в шутку, впал в ипохондрию и наконец совершенно уверился в том, что кисть его послужила дьявольским орудием, что часть жизни ростовщика перешла в самом деле как-нибудь в портрет и тревожит теперь людей, внушая бесовские побуждения, совращая художника с пути, порождая страшные терзанья зависти, и проч., и проч. Три случившиеся вслед за тем несчастия, три внезапные смерти — жены, дочери и малолетнего сына — почел он небесною казнью себе и решился непременно оставить свет. Как только минуло мне девять лет, он поместил меня в Академию художеств и, расплатясь с своими должниками, удалился в одну уединенную обитель, где скоро постригся в монахи. Там строгостью жизни, неусыпным соблюдением всех монастырских правил он изумил всю братью. Настоятель монастыря, узнавши об искусстве его кисти, требовал от него написать главный образ в церковь. Но смиренный брат сказал наотрез, что он недостоин взяться за кисть, что она осквернена, что трудом и великими жертвами он должен прежде очистить свою душу, чтобы удостоиться приступить к такому делу. Его не хотели принуждать. Он сам увеличивал для себя, сколько было возможно, строгость монастырской жизни. Наконец уже и она становилась ему недостаточною и не довольно строгою. Он удалился с благословенья настоятеля в пустынь, чтоб быть совершенно одному. Там из древесных ветвей выстроил он себе келью, питался одними сырыми кореньями, таскал на себе камни с места на место,

Il a vendu ton tableau à je ne sais quel collectionneur, mais celui-ci non plus n'a pu y tenir et il s'en est défait à son tour. »

» Ce récit produisit une forte impression sur mon père. À force d'y rêver il tomba dans l'hypocondrie et se persuada que son pinceau avait servi d'arme au démon, que la vie de l'usurier avait été, tout au moins partiellement, transmise au portrait : elle jetait maintenant le trouble parmi les hommes, leur inspirant des impulsions diaboliques, les livrant aux tortures de l'envie, écartant les artistes de leur vraie voie, etc. Trois malheurs survenus après cet événement, les trois morts subites de sa femme, de sa fille, d'un fils en bas âge, lui parurent un châtiment du ciel et il se résolut à quitter le monde. À peine eus-je atteint mes neuf ans qu'il me fit entrer à l'École des Beaux-Arts, paya ses créanciers et se réfugia dans un cloître à l'écart, où il prit bientôt l'habit. L'austérité de sa vie, son observance rigoureuse des règles édifièrent tous les religieux. Le supérieur, ayant appris quel habile artiste était mon père, lui demanda instamment de peindre le principal tableau de leur église. Mais l'humble moine déclara tout franc qu'ayant profané son pinceau, il était pour l'instant indigne d'y toucher ; avant d'entreprendre une telle œuvre il devait purifier son âme par le travail et les mortifications. On ne voulut point le contraindre. Bien qu'il s'ingéniât à augmenter les rigueurs de la règle, elle finit par lui paraître trop facile. Avec l'autorisation du supérieur, il se retira dans un lieu solitaire et s'y bâtit une cahute avec des branches d'arbres. Là, se nourrissant uniquement de racines crues, il transportait des pierres d'un endroit à l'autre

стоял от восхода до заката солнечного на одном и том же месте с поднятыми к небу руками, читая беспрерывно молитвы. Словом, изыскивал, казалось, все возможные степени терпенья и того непостижимого самоотверженья, которому примеры можно разве найти в одних житиях святых. Таким образом долго, в продолжение нескольких лет, изнурял он свое тело, подкрепляя его в то же время живительною силою молитвы. Наконец в один день пришел он в обитель и сказал твердо настоятелю: «Теперь я готов. Если богу угодно, я совершу свой труд».

Предмет, взятый им, было рождество Иисуса. Целый год сидел он за ним, не выходя из своей кельи, едва питая себя суровой пищей, молясь беспрестанно. По истечении года картина была готова. Это было, точно, чудо кисти. Надобно знать, что ни братья, ни настоятель не имели больших сведений в живописи, но все были поражены необыкновенной святостью фигур. Чувство божественного смиренья и кротости в лице пречистой матери, склонившейся над младенцем, глубокий разум в очах божественного младенца, как будто уже что-то прозревающих вдали, торжественное молчанье пораженных божественным чадом царей, повергнувшихся к ногам его, и, наконец, святая, невыразимая тишина, обнимающая всю картину, — все это предстало в такой согласной силе и могуществе красоты, что впечатленье было магическое. Вся братья повергласъ на колена пред новым образом, и умиленный настоятель произнес:

«Нет, нельзя человеку с помощью одного человеческого искусства произвести такую картину: святая, высшая сила водила твоею кистью, и благословенье небес почило на труде твоем».

ou demeurait en prières de l'aurore au coucher du soleil, immobile et les bras levés au ciel. Bref il recherchait les pratiques les plus dures, les austérités extraordinaires dont on ne trouve guère d'exemples que dans la vie des saints. Et durant plusieurs années il macéra de la sorte son corps tout en le fortifiant par la prière. Un jour enfin il revint au monastère et dit d'un ton ferme au supérieur : « Me voici prêt : s'il plaît à Dieu, je mènerai mon œuvre à bien. »

» Il choisit pour sujet la Nativité de Notre-Seigneur. Il s'enferma de longs mois dans sa cellule, ne prenant qu'une grossière nourriture, œuvrant et priant sans cesse. Au bout d'un an le tableau était terminé. Et c'était vraiment un miracle du pinceau. Encore que ni les moines ni le supérieur ne fussent grands connaisseurs en peinture, l'extraordinaire sainteté des personnages les stupéfia. La douceur, la résignation surnaturelles empreintes sur le visage de la sainte Vierge penchée sur son divin Fils ; la sublime raison qui animait les yeux, déjà ouverts sur l'avenir, de l'Enfant-Dieu ; le silence solennel des Rois mages prosternés, confondus par le grand mystère ; la sainte, l'indescriptible paix qui enveloppait le tableau ; cette sereine beauté, cette grandiose harmonie produisaient un effet magique. Toute la communauté tomba à genoux devant la nouvelle image sainte, et, dans son attendrissement, le supérieur s'écria :

« – Non, l'homme ne peut créer une pareille œuvre avec le seul secours de l'art humain ! Une force sainte a guidé ton pinceau, le Ciel a béni tes labeurs. »

В это время окончил я свое ученье в Академии, получил золотую медаль и вместе с нею радостную надежду на путешествие в Италию — лучшую мечту двадцатилетнего художника. Мне оставалось только проститься с моим отцом, с которым уже двенадцать лет я расстался. Признаюсь, даже самый образ его давно исчезнул из моей памяти. Я уже несколько наслышался о суровой святости его жизни и заранее воображал встретить черствую наружность отшельника, чуждого всему в мире, кроме своей кельи и молитвы, изнуренного, высохшего от вечного поста и бденья. Но как же я изумился, когда предстал предо мною прекрасный, почти божественный старец! И следов измождения не было заметно на его лице: оно сияло светлостью небесного веселия. Белая, как снег, борода и тонкие, почти воздушные волосы такого же серебристого цвета рассыпались картинно по груди и по складкам его черной рясы и падали до самого вервия, которым опоясывалась его убогая монашеская одежда; но более всего изумительно было для меня услышать из уст его такие слова и мысли об искусстве, которые, признаюсь, я долго буду хранить в душе и желал бы искренно, чтобы всякий мой собрат сделал то же.

— Я ждал тебя, сын мой, — сказал он, когда я подошел к его благословенью.- Тебе предстоит путь, по которому отныне потечет жизнь твоя. Путь твой чист, не совратись с него. У тебя есть талант; талант есть драгоценнейший дар бога — не погуби его. Исследуй, изучай все, что ни видишь, покори всё кисти, но во всем умей находить внутреннюю мысль и пуще всего старайся постигнуть высокую тайну созданья. Блажен избранник, владеющий ею.

» Je venais précisément de terminer mes études ; la médaille d'or obtenue à l'École des Beaux-Arts m'ouvrait l'agréable perspective d'un voyage en Italie, le plus beau rêve pour un peintre de vingt ans. Il ne me restait plus qu'à prendre congé de mon père ; je ne l'avais pas revu depuis douze ans et j'avoue que son image même s'était effacée de ma mémoire. Vaguement instruit de ses austérités, je m'attendais à lui trouver le rude aspect d'un ascète, étranger à tout au monde, sauf à sa cellule et à la prière, desséché, épuisé par le jeûne et les veilles. Quelle ne fut pas ma stupéfaction quand je me trouvai en présence d'un vieillard très beau, presque divin ! Une joie céleste illuminait son visage, où l'épuisement n'avait point marqué sa flétrissure. Sa barbe de neige, sa chevelure légère, quasi aérienne, du même ton argenté, se répandaient pittoresquement sur ses épaules, sur les plis de son froc noir, et tombaient jusqu'à la corde qui ceignait son pauvre habit monastique. Mais ce qui me surprit le plus, ce fut de l'entendre prononcer des paroles, émettre des pensées sur l'art qui se sont à jamais gravées dans ma mémoire et dont je voudrais voir chacun de mes confrères tirer profit à son tour.

« – Je t'attendais, mon fils, me dit-il quand je m'inclinai pour recevoir sa bénédiction. Voici que s'ouvre devant toi la route où ta vie va désormais s'engager. C'est une noble voie, ne t'en écarte pas. Tu as du talent ; le talent est le don le plus précieux du ciel ; ne le dilapide point. Scrute, étudie tout ce que tu verras, soumets tout à ton pinceau ; mais sache trouver le sens profond des choses, essaie de pénétrer le grand secret de la création. Heureux l'élu qui le possède :

Нет ему низкого предмета в природе. В ничтожном художник-создатель так же велик, как и в великом; в презренном у него уже нет презренного, ибо сквозит невидимо сквозь него прекрасная душа создавшего, и презренное уже получило высокое выражение, ибо протекло сквозь чистилище его души. Намек о божественном, небесном рае заключен для человека в искусстве, и по тому одному оно уже выше всего. И во сколько раз торжественный покой выше всякого волненья мирского; во сколько раз творенье выше разрушенья; во сколько раз ангел одной только чистой невинностью светлой души своей выше всех несметных сил и гордых страстей сатаны, — во столько раз выше всего, что ни есть на свете, высокое созданье искусства. Все принеси ему в жертву и возлюби его всей страстью. Не страстью, дышащей земным вожделением, но тихой небесной страстью; без нее не властен человек возвыситься от земли и не может дать чудных звуков успокоения. Ибо для успокоения и примирения всех нисходит в мир высокое созданье искусства. Оно не может поселить ропота в душе, но звучащей молитвой стремится вечно к богу. Но есть минуты, темные минуты...

Он остановился, и я заметил, что вдруг омрачился светлый лик его, как будто бы на него набежало какое-то мгновенное облако.

— Есть одно происшествие в моей жизни, — сказал он. — Доныне я не могу понять, что' был тот странный образ, с которого я написал изображение. Это было точно какое-то дьявольское явление. Я знаю, свет отвергает существованье дьявола, и потому не буду говорить о нем.

pour lui il n'est plus rien de vulgaire dans la nature. L'artiste créateur est aussi grand dans les sujets infimes que dans les sujets les plus élevés ; ce qui fut vil ne l'est plus grâce à lui, car sa belle âme transparaît à travers l'objet bas, et pour avoir été purifié en passant par elle, cet objet acquiert une noble expression... Si l'art est au-dessus de tout, c'est que l'homme trouve en lui comme un avant-goût du Paradis. La création l'emporte mille et mille fois sur la destruction, une noble sérénité sur les vaines agitations du monde ; par la seule innocence de son âme radieuse un ange domine les orgueilleuses, les incalculables légions de Satan ; de même l'œuvre d'art surpasse de beaucoup toutes les choses d'ici-bas. Sacrifie tout à l'art ; aime-le passionnément, mais d'une passion tranquille, éthérée, dégagée des concupiscences terrestres ; sans elle, en effet, l'homme ne peut s'élever au-dessus de la terre, ni faire entendre les sons merveilleux qui apportent l'apaisement. Or c'est pour apaiser, pour pacifier, qu'une grande œuvre d'art se manifeste à l'univers ; elle ne saurait faire sourdre dans les âmes le murmure de la révolte ; c'est une prière harmonieuse qui tend toujours vers le ciel. Cependant il est des minutes, de tristes minutes... »

» Il s'interrompit et je vis comme une ombre passer sur son clair visage.

« – Oui, reprit-il, il y a eu dans ma vie un événement... Je me demande encore qui était celui dont j'ai peint l'image. Il semblait vraiment une incarnation du diable. Je le sais, le monde nie l'existence du démon. Je me tairai donc sur son compte.

Но скажу только, что я с отвращением писал его, я не чувствовал в то время никакой любви к своей работе. Насильно хотел покорить себя и бездушно, заглушив все, быть верным природе. Это не было созданье искусства, и потому чувства, которые объемлют всех при взгляде на него, суть уже мятежные чувства, тревожные чувства, — не чувства художника, ибо художник и в тревоге дышит покоем. Мне говорили, что портрет этот ходит по рукам и рассеивает томительные впечатленья, зарождая в художнике чувство зависти, мрачной ненависти к брату, злобную жажду производить гоненья и угнетенья. Да хранит тебя всевышний от сих страстей! Нет их страшнее. Лучше вынести всю горечь возможных гонений, нежели нанести кому-либо одну тень гоненья. Спасай чистоту души своей. Кто заключил в себе талант, тот чаще всех должен быть душою. Другому простится многое, но ему не простится. Человеку, который вышел из дому в светлой праздничной одежде, стоит только быть обрызнуту одним пятном грязи из-под колеса, и уже весь народ обступил его, и указывает на него пальцем, и толкует об его неряшестве, тогда как тот же народ не замечает множества пятен на других проходящих, одетых в будничные одежды. Ибо на будничных одеждах не замечаются пятна.

Он благословил меня и обнял. Никогда в жизни не был я так возвышенно подвигнут. Благоговейно, более нежели с чувством сына, прильнул я к груди его и поцеловал в рассыпавшиеся его серебряные волосы. Слеза блеснула в его глазах.

Je dirai seulement que je l'ai peint avec horreur ; mais je voulus coûte que coûte surmonter ma répulsion et, étouffant tout sentiment, me montrer fidèle à la nature. Ce ne fut point une œuvre d'art que ce portrait : tous ceux qui le regardent éprouvent un violent saisissement, la révolte gronde en eux ; un pareil désarroi n'est point un effet de l'art, car l'art respire la paix jusque dans l'agitation. On m'a dit que le tableau passe de main en main, causant partout de cruels ravages, livrant l'artiste aux sombres fureurs de l'envie, de la haine, lui inspirant la soif cruelle d'humilier, d'opprimer son prochain. Daigne le Très-Haut te préserver de ces passions, il n'en est point de plus cruelles ! Mieux vaut souffrir mille et mille persécutions qu'infliger à autrui l'ombre d'une amertume. Sauve la pureté de ton âme. Celui en qui réside le talent doit être plus pur que les autres : à ceux-ci il sera beaucoup pardonné, mais à lui rien. Qu'une voiture lance la moindre éclaboussure sur un homme paré de clairs habits de fête, aussitôt la foule l'entoure, le montre du doigt, commente sa négligence ; cependant cette même foule ne remarque même pas les taches nombreuses des autres passants vêtus d'habits ordinaires, car sur ces vêtements sombres les taches ne sont point visibles.»

» Il me bénit, m'attira sur son cœur. Je n'avais jamais connu une si noble émotion. C'est avec une vénération plus que filiale que je me pressai contre sa poitrine, que je baisai ses cheveux argentés, librement épandus. Une larme brilla dans ses yeux.

— Исполни, сын мой, одну мою просьбу, — сказал он мне уже при самом расставанье. — Может быть, тебе случится увидеть где-нибудь тот портрет, о котором я говорил тебе. Ты его узнаешь вдруг по необыкновенным глазам и неестественному их выражению, — во что бы то ни было истреби его...

Вы можете судить сами, мог ли я не обещать клятвенно исполнить такую просьбу. В продолжение целых пятнадцати лет не случалось мне встретить ничего такого, что бы хотя сколько-нибудь походило на описание, сделанное моим отцом, как вдруг теперь, на аукционе...

Здесь художник, не договорив еще своей речи, обратил глаза на стену, с тем чтобы взглянуть еще раз на портрет. То же самое движение сделала в один миг вся толпа слушавших, ища глазами необыкновенного портрета. Но, к величайшему изумлению, его уже не было на стене. Невнятный говор и шум пробежал по всей толпе, и вслед за тем послышались явственно слова: «Украден». Кто-то успел уже стащить его, воспользовавшись вниманьем слушателей, увлеченных рассказом. И долго все присутствовавшие оставались в недоумении, не зная, действительно ли они видели эти необыкновенные глаза или это была просто мечта, представшая только на миг глазам их, утружденным долгим рассматриванием старинных картин. ❖

« — Exauce, mon fils, une prière que je vais t'adresser, me dit-il au moment des adieux. Peut-être découvriras-tu quelque part le portrait dont je t'ai parlé. Tu le reconnaîtras aussitôt à ses yeux extraordinaires et à leur regard surnaturel. Détruis-le aussitôt. »

» Jugez vous-mêmes si je pouvais ne point m'engager par serment à exaucer un tel vœu. Depuis quinze ans il ne m'est jamais advenu de rencontrer quelque chose qui ressemblât, si peu que ce fût, à la description de mon père. Et voici que soudain, à cette vente... »

Sans achever sa phrase, le peintre se tourna vers le fatal portrait ; ses auditeurs l'imitèrent. Quelle ne fut pas leur surprise quand ils s'aperçurent qu'il avait disparu ! Un murmure étouffé passa à travers la foule, puis on entendit clairement ce mot : « Volé ! » Tandis que l'attention unanime était suspendue aux lèvres du narrateur, quelqu'un avait sans doute réussi à le dérober. Les assistants demeurèrent un bon moment stupides, hébétés, ne sachant trop s'ils avaient réellement vu ces yeux extraordinaires ou si leurs propres yeux, lassés par la contemplation de tant de vieux tableaux, avaient été le jouet d'une vaine illusion. ∎

конец

Fin

DANS LA MÊME ÉDITION BILINGUE + AUDIO INTÉGRÉ :

- NIÉTOTCHKA NEZVANOVA (Fiodor Dostoïevski)	*russe-français*
- LA FILLE DU CAPITAINE (Alexandre Pouchkine)	*russe-français*
- NOUS AUTRES (Ievgueni Zamiatine)	*russe-français*
- LA MÈRE (Maxime Gorki)	*russe-français*
- HAMLET (William Shakespeare)	*anglais-français*
- OTHELLO (William Shakespeare)	*anglais-français*
- LE PORTRAIT DE DORIAN GRAY (Oscar Wilde)	*anglais-français*
- SALOMÉ (Oscar Wilde)	*anglais-français*
- L'ÎLE AU TRÉSOR (R. L. Stevenson)	*anglais-français*
- L'ÉTRANGE CAS DE DR JEKYLL & MR HYDE (R. L. Stevenson)	*anglais-français*
- LA DÉSOBÉISSANCE CIVILE (Thoreau)	*anglais-français*
- WALDEN, OU LA VIE DANS LES BOIS (Thoreau)	*anglais-français*
- WUTHERING HEIGHTS (Emily Brontë)	*anglais-français*
- RASSELAS, PRINCE D'ABYSSINIE (Samuel Johnson)	*anglais-français*
- MA VIE D'ESCLAVE AMÉRICAIN (Frederick Douglass)	*anglais-français*
- LE TOUR D'ÉCROU (Henry James)	*anglais-français*
- LE LIVRE DES MERVEILLES (Nathaniel Hawthorne)	*anglais-français*
- LE JOUEUR D'ÉCHECS (Stefan Zweig)	*allemand-français*
- LE BOUQUINISTE MENDEL (Stefan Zweig)	*allemand-français*
- LES CAHIERS DE MALTE LAURIDS BRIGGE (R.M. Rilke)	*allemand-français*
- LES SOUFFRANCES DU JEUNE WERTHER (J.W. Goethe)	*allemand-français*
- LES AVENTURES DE PINOCCHIO (Carlo Collodi)	*italien-français*
- MAX HAVELAAR (Multatuli)	*néerlandais-français*
- LE PETIT JOHANNES (Frederik van Eeden)	*néerlandais-français*
- MÉMOIRES POSTHUMES DE BRÁS CUBAS (M. de Assis)	*portugais-français*
- CONTES (H.C. Andersen)	*danois-français*
- BARTEK VAINQUEUR (Henryk Sienkiewicz)	*polonais-français*
- UNE MAISON DE POUPÉE (Henrik Ibsen)	*norvégien-français*
- LA SAGA DE NJAL (Anonyme)	*islandais-français*

*Impression CreateSpace
à Charleston SC, en août 2017.
Dépôt légal : août 2017*

Imprimé aux États-Unis.

En couverture :
Gustave Courbet
« Le Désespéré » (1845)
Collection privée.

Découvrez l'ensemble de nos ouvrages
sur notre site :

www.laccolade-editions.com

www.ingramcontent.com/pod-product-compliance
Lightning Source LLC
Chambersburg PA
CBHW030936090426
42737CB00007B/444